ADORAÇÃO EXTRAVAGANTE

Atos

Zschech, Darlene
 Adoração extravagante / Darlene Zschech; tradutora Lenita Ananias do Nascimento.
– Curitiba: Editora Atos, 2022.

168 p.
Título original: Extravagant worship
ISBN 978-65-99585-12-8

1. Adoração pública I. Título.

03-6480   CDD-264

Índices para catálogo sistemático:
1. Adoração pública: Cristianismo   264

Copyright © 2001 por Darlene Zschech
Todos os direitos reservados

Tradução: Lenita Ananias do Nascimento
Revisão: Walkyria Freitas
Capa: Leandro Schuques
Diagramação: Manoel Menezes

Primeira edição – Dezembro de 2003
Segunda edição – Maio de 2004
Reimpressão da 2ª edição – Maio de 2005
2ª reimpressão da 2ª edição – Setembro de 2006
3ª reimpressão da 2ª edição – Junho de 2010
4ª reimpressão da 2ª edição – Maio de 2011
5ª reimpressão da 2ª edição – Agosto de 2013
Terceira edição – Março de 2022

Nenhuma parte deste livro pode ser reproduzida, arquivada ou transmitida por qualquer meio – eletrônico, mecânico, fotocópias, etc. – sem a devida permissão dos editores, podendo ser usada apenas para citações breves.

Publicado com a devida autorização e com todos os direitos reservados pela EDITORA ATOS LTDA.

Atos

www.editoraatos.com.br

Sumário

Agradecimentos 5
Prefácio 9
Introdução 11

1. Adoradores extravagantes..13
2. Louvor explosivo..33
3. Compromisso e consequência..................................53
4. Ministério de adoração 63
5. A equipe de louvor e adoração... o que é realmente importante?..79
6. O que se pode levar para o palco.............................95
7. Canções do céu 111
8. A geração de Jesus 123
9. Controlar as emoções..133
10. Sonhos e desejos 149
11. Amar a casa de Deus..159

Santo, santo, santo
é o Senhor,
o Deus todo-poderoso,
que era, que é
e que há de vir.

Apocalipse 4.8

Agradecimentos

Este livro não teria saído sem a colaboração de tantas pessoas maravilhosas, cujos nomes deveriam aparecer escritos em neon nesta página.

Josh Bonett

Seu apoio indescritível a Mark e a mim e sua incrível confiança em nós nos capacitaram a concretizar muito daquilo com que sonhamos constantemente. Obrigada por seu empenho infatigável e por tirar estas ideias do meu coração e transformá-las lindamente em palavra impressa! Nosso carinho a você.

Miffy Swan

Você é uma mulher fabulosa! Permitiu que nossa jornada, minha e de Mark, fosse maravilhosa. Obrigada por "correr a corrida" literalmente conosco. Nosso carinho a você.

MELINDA HOPE

Obrigada, minha querida amiga, por me liberar. Não há um dia sequer que eu não agradeça a Deus por nosso dia de "milagre"...

Eu, Mark e as crianças adoramos você e valorizamos seu trabalho mais do que você imagina.

JULIAN SYLVESTER

Obrigada, companheiro. Não importa o esforço, essa é sua bandeira de vida, lute por ela!

Obrigada a todas as pessoas que ajudaram a formar este trabalho.
Simone Ridley, Tam Tickner, Steve McPherson, Erica Grocker, Mark Hopkins, Susan Sohn, Robert Fergusson, Emerald Press... Que equipe sensacional!

OBRIGADA

A MEU PRECIOSO SENHOR

Oro para que minha vida se expresse quando te agradeço, pois as palavras não fazem justiça a minha adoração e meu amor profundo. Sou e sempre serei *tua*.

A MARK, MEU MARIDO AMADO

Sua força e dedicação a Cristo são o que me atraíram a você em primeiro lugar. (Ah.. e a boa aparência também não atrapalhou!)
Obrigada por me liberar e acreditar em mim.
Obrigada por me dar asas para voar...
Mas, acima de tudo, obrigada por me amar como me ama.
Eu te amo.

Às minhas filhas

Meu precioso tesouro: Amy, Chloe e Zoe Jewel.
Vocês são lindas demais, por dentro e por fora.
Para mim é um privilégio ser mãe de vocês. Eu as adoro.
Obrigada pela paciência de vocês enquanto eu escrevia sem parar.
Com carinho, da mamãe.

À igreja Hillsong

Sou grata por nossa fantástica família dessa igreja, a melhor igreja do planeta. Sou grata a nossos pastores e amigos Brian e Bobbie Houston, Stephen e Donna Grouch, Pat e Liz Mesiti... A lista é interminável.

O compromisso de vocês com Cristo é inspirador.

Não consigo expressar com palavras o quanto aprecio o compromisso que vocês têm uns para com os outros. A vocês, todo meu carinho.

À equipe de louvor e arte

Servir ao Rei juntamente com mulheres e homens de Deus tão excelentes é uma das coisas prediletas da minha vida.

Vocês me ensinaram tanto! Meu amor e minha homenagem a vocês todos. Lembrem: nossos melhores dias ainda estão por vir.

Amo vocês.

Prefácio

BRIAN HOUSTON
Pastor titular da Igreja Hillsong

Lembro-me do dia em que Darlene Zschech dirigiu o louvor em nossa igreja pela primeiríssima vez. Na verdade, não faz tanto tempo assim. Depois de muitos anos de serviço fiel no coral e em nossa equipe de louvor, Darlene deu um passo intrépido à frente e se destacou como uma das líderes de louvor e adoração mais influentes do mundo atual.

Sua vida e seu ministério servem de inspiração para milhões de pessoas, e sua canção mais famosa, "Aclame ao Senhor", continua sendo uma das mais cantadas atualmente. A primeira vez que a ouvi, percebi que estava destinada a ser uma música marcante. Mas quem imaginaria que seria cantada diante do presidente dos EUA, no Vaticano e por milhares de congregações do mundo inteiro?

Gosto do que Deus tem feito na vida de Darlene até aqui e sei que Ele ainda tem muito mais reservado para ela. Contudo, o que me abençoa é que ela é a mesma pessoa quer esteja dirigindo o louvor no palco, quer esteja entre nós apenas. Ela continua sendo a mesma dama humilde e generosa cujo coração sempre esteve voltado para o louvor e a glória de Deus.

Como pastores titulares da Igreja de Hillsong, eu e minha esposa, Bobbie, somos abençoados com a parceria de Darlene e Mark. Nós não apenas compartilhamos uma amizade íntima com eles, como família, mas também reconhecemos que são líderes excelentes no Reino, comprometidos em comover o céu e transformar a Terra.

Se você anseia por ser um adorador cheio de entusiasmo e alegria, este livro vai inspirá-lo, pois Darlene fala de sua jornada para alcançar sua principal paixão e seu desejo mais importante: ser ela mesma uma adoradora com entusiasmo e alegria irrestritos!

Que Deus abençoe,

Brian Houston

Introdução

Com apenas quinze anos de idade, entreguei minha vida ao Salvador do mundo, Jesus Cristo. Desde esse momento, seu plano para minha vida vem-se desenvolvendo à medida que aprendo todo dia que Jesus é ao mesmo tempo meu Senhor e meu melhor amigo.

Ao longo de minha caminhada de descoberta até hoje, tive muitos conflitos internos para superar, muitas lições para aprender e inúmeras ideias religiosas para "desaprender".

Acima de tudo, porém, também comecei a compreender e valorizar o poder de ter-me transformado numa pessoa comprometida em louvar a Deus em todas as ocasiões, alguém cuja paixão pela adoração ao Rei é insaciável, e cujo único desejo se encontra no Salmo 73.25, 26:

A quem tenho nos céus senão a ti?
E na terra, nada mais desejo além de estar junto a ti.
O meu corpo e o meu coração poderão fraquejar,
mas Deus é a força do meu coração
e a minha herança para sempre.

Meu coração busca isto: que quando os olhos do Senhor observarem a Terra, Ele me veja como uma adoradora cheia de entusiasmo e alegria. Oro para que você não apenas manuseie este livro, mas que ele plante sementes em seu coração.

Com todo amor,

Darlene Zschech

Capítulo 1

ADORADORES EXTRAVAGANTES

Deus me concedeu a honra e o privilégio de dirigir o departamento de adoração e artes criativas da Igreja Hillsong durante cinco anos, e de fazer parte dessa equipe por mais de quinze. Tem sido uma jornada incrível: um "caminho além de tudo que se peça ou imagine!". Nossa esfera de influência começou a crescer, por isso inúmeras pessoas me pediram para começar a escrever o que de fato é importante em nosso departamento, especificando alguns princípios a que, como equipe de louvor, devíamos permanecer fiéis e nos recusar a voltar atrás. Com certeza não tive todas as respostas, já que minha jornada ainda está se abrindo diante de mim. Mas creio, meus amigos, que enquanto estou falando com vocês nestas páginas, vocês vão conhecer o coração de alguém que não se satisfaz apenas em fazer músicas grandiosas nem em cantar belas canções. Minha paixão é promover o Reino todos os dias da minha vida.

Durante o ano 2000, "Adoradores Extravagantes" foi o tema que o Espírito Santo me pôs no coração, uma bandeira para arvorar em nosso departamento. Como parte de nossos ensaios semanais, temos noites de ensino regular, e tudo que foi ensinado naquele ano girava em torno desse tema. Nossa fome de conhecer mais o Senhor foi o combustível para um ano magnífico. Fiquei muito ansiosa para saber o que 2001 traria. Por isso, consultei o Senhor diligentemente para encontrar um novo "tema", uma nova bandeira e nossa declaração de fé para o primeiro ano do novo milênio. A verdade é que fiquei muito envergonhada quando o Rei sussurrou-me com brandura: "Filha, você ainda não é uma adoradora extravagante". Quando se ouve Deus dizer uma coisa dessas, para-se para prestar atenção! Quer dizer que ainda não tínhamos atingido o padrão, nem eu nem minha equipe. Portanto, se quisermos prosseguir e nos chamarmos de "adoradores extravagantes", temos de trilhar uma longa estrada.

Mas o que significa ser adorador extravagante? Significa ser excessivo. Ser ultra generoso, aprimorado. É ir além. É ser extravagante. Significa ir além dos limites razoáveis. Ser extremo com a causa de Cristo dando o sangue. Adoro isso! Excessivo, copiosíssimo, caro, excedente, ilimitado, precioso, rico, de valor inestimável.

Pense no tipo de adorador que você é. O que faz como adorador? O que traz para oferecer em adoração ao Senhor? Você é ultra generoso? Excede os limites do razoável? Não se trata de fazer só a obrigação, é mais que apenas cumprir o nível básico de compromisso. Não é tentar obter seu direito de passagem. *De jeito nenhum!* Estou pedindo que você faça um bom exame de consciência e se atribua uma nota. O que você traz para a mesa que representa extravagância?

Tive a honra de conhecer alguns adoradores extravagantes. Conheci em nossa igreja um jovem casal que perdera a filha pequena por causa de uma doença. Em meio à tremenda tristeza os dois adoravam ao Rei e adoram até hoje.

Vi um jovem que tinha voltado para a igreja imediatamente depois de um acidente que o deixara paraplégico. Quando esse rapaz louvava e dava graças, tinha lágrimas pelo rosto dele, os braços estendidos para o céu e o coração adorando a Jesus.

Outra adoradora extravagante que conheço é uma amiga minha, jovem casada, mãe de três crianças pequenas, cujo marido faz parte de nossa equipe de louvor. Ela está sempre na igreja, chega sempre antes do início, está sempre cheia de alegria e sempre em adoração.

O *Dicionário Houaiss* define "extravagante" como "aquele que esbanja". Essa palavra atraiu-me particularmente a atenção, pois um dos mais belos relatos bíblicos de adoração se encontra em Lucas 7. É a história da "mulher pecadora" que trouxe algo considerado "adoração esbanjadora" pelos que presenciaram a cena. Ela lavou os pés de Jesus com lágrimas, secou-os com os cabelos, beijou-os e em seguida derramou seu caríssimo perfume do jarro de alabastro sobre os pés do Mestre. Quando ela derramou sua oferta, Ele lavou-lhe a alma quebrantada. Porque ela amou com extravagância, Ele lhe perdoou com extravagância.

Essa atitude de amor esmerado para com o Rei é um exemplo poderoso de adoração profunda e genuína. Não tem nada a ver com música nem com canções, mas tudo a ver com ser extravagante na devoção ao Salvador. Que história maravilhosa!

O que é adoração? O que fazemos quando estamos adorando? A adoração verdadeira, o tipo de adoração que Deus busca, é definida em João 4.23:

No entanto, está chegando a hora, e de fato já chegou, em que os verdadeiros adoradores adorarão o Pai em espírito e em verdade. São estes os adoradores que o Pai procura.

Li e reli várias vezes essa passagem e meditei nela muitas horas. A adoração verdadeira ocorre quando nosso espírito adora e se une ao Espírito de Deus. Quando a essência de nosso ser se encontra *amando a Deus*, perdida *nele*. Não se trata das músicas, de quanto o conjunto seja grande nem do tamanho do coral. Tudo isso são expressões maravilhosas de adoração, mas não é a essência da adoração. A essência da adoração se manifesta quando nosso coração e nossa alma, tudo que há em nós, adora e se une com o Espírito de Deus. Na verdade, se nosso coração não estiver engajado no louvor que manifestamos, não importa quanto sejam magníficos os momentos musicais, eles não passam de mera música. A canção pura sai do coração que anseia por mais de Deus e menos de si mesmo; é a música que tem a chave de tantas vitórias, é a música que agrada o coração de nosso Rei.

Eu adoraria ter conhecido madre Teresa de Calcutá, essa adoradora extravagante. Um de seus hinos prediletos, "Ó Jesus, querido Senhor", reflete o coração da mulher piedosa que ela era.

CRIADOS PARA ADORAR

Há vigor verdadeiro no louvor unificado, como igreja, quando nos reunimos e adoramos como corpo. Reunimo-nos com fé e formamos uma unidade e invadimos o céu. Adoro isso! Adoro podermos nos reunir como o Corpo de Cristo, o ovo de Deus, e ficar na sua magnífica presença. Na verdade, a Palavra de Deus insiste conosco em Hebreus 10.25 para que não "deixemos de nos reunir como igreja". Por outro lado, precisamos também adorar nosso Rei naquele lugar secreto, nos momentos de intimidade, individualmente, como adoradores de Cristo. Precisamos adorar naqueles momentos que cada um de nós e o Senhor sabem quais são. Se você faz parte de um grupo de louvor, reserve seus momentos mais gloriosos de adoração para longe do palco. Nossos momentos mais preciosos com nosso melhor amigo têm de acontecer em segredo. Guarde isso como ouro e jamais perca.

Isaías 43.7 diz: "Todo o que é chamado pelo meu nome, *a quem criei para a minha glória*, a quem formei e fiz". Deus nos criou para sua glória e *para seu agrado*. Em 1 Crônicas 16.28, 29, lemos: "Deem ao Senhor, ó famílias das nações, deem ao Senhor glória e força! Deem ao Senhor a glória devida ao seu nome. Tragam ofertas e venham à sua presença. Adorem o Senhor no esplendor da sua santidade". Você e eu fomos criados para adorar nosso amado Salvador.

Em Lucas 10.38-42, lemos a história de Jesus chegando a um povoado em que uma mulher chamada Marta o recebeu em casa. "Maria, sua irmã, ficou sentada aos pés do Senhor, ouvindo a sua palavra. Marta, porém, estava ocupada com muito serviço." Quem sabe como é isso? Marta foi a Jesus e perguntou: "Senhor, não te importas que minha irmã tenha me deixado sozinha com o serviço? Dize-lhe que me ajude!". Pobre Marta. Que coisa mais boba para dizer a Deus. Ele é cuidado. Ele se importa. É o Sr. Cuidado. Marta teve uma reação tipicamente feminina. O Senhor respondeu-lhe: "Marta! Marta! Você

O Jesus, Jesus, Dearest Lord

O Jesus, Jesus, dearest Lord
Forgive me if I say
For very love thy sacred name
A thousand times a day.

I love thee so, I know not how
My transports to control.
Thy love is like a burning fire
Within my very soul.

O wonderful that thou shouldst let
So vile a heart as mine
Love thee with such a love as this
And make so free with thine.

For thou to me are all in all
My honour and my wealth,
My heart's desire, my body's sthength
My soul's eternal health.

What limit is there to thee, love?
Thy flight where wilt thou stay?
On! On! Our Lord is sweeter far
Today than yesterday.

Ó Jesus, Jesus, queridíssimo Senhor

Ó Jesus, Jesus, queridíssimo Senhor
Perdoa-me se, por muito amor, eu pronunciar teu sagrado nome
Mil vezes por dia.

Amo-te tanto que não consigo controlar meu êxtase.
Teu amor é como um fogo que me consome a própria alma.

A maravilha é que tu deixes um coração tão vil quanto o meu
Amar-te com tamanho amor, e que o deixes tão livre com o teu.

Tu és tudo em tudo para mim
Minha honra e minha riqueza
O desejo do meu coração, a força do meu corpo
A saúde eterna da minha alma

Que limite há para ti, querido Senhor?
Até onde teu vôo alcança?
Nosso Senhor é muito mais doce hoje que ontem.

(Hino tradicional)

está preocupada e inquieta com muitas coisas; todavia apenas uma é necessária. Maria escolheu a boa parte, e esta não lhe será tirada". Nada se compara a estar na presença de Deus, sentar-se a seus pés, passar momentos com a Palavra de Deus e deixá-la habitar em nós com sua riqueza. Nada substitui isso. Nada substitui sua relação com Cristo. Cantar músicas adoráveis sobre o Senhor é fantástico, mas não é suficiente.

Louvar é estar cheio de adoração, curvar-se, temer e reverenciar a beleza de Deus. Tocar o Senhor! Adorar é verbo. É "praticar uma ação". É algo que se vê em nossos atos, não apenas nas palavras que pronunciamos. Adoração é algo que se dá. Implica entregar-se totalmente. A adoração encarna e reflete a generosidade abnegada de Cristo. Não é uma atividade ritual. Não adoramos porque queremos realizar rituais de música e emoção. A adoração envolve o coração, a mente e o desejo.

Mas vós sois a geração eleita, o sacerdócio real, a nação santa, o povo adquirido, para que anuncieis as virtudes daquele que vos chamou das trevas para a sua maravilhosa luz (1 Pe 2.9 – RC)

Louvar e adorar nosso Salvador, Jesus Cristo, é fundamental para viver uma vida cristã de fé plena. Há muitas opiniões diferentes a respeito de como adorar verdadeiramente ao Senhor. Opiniões quanto ao método, ao plano, ao estilo, referentes à cultura, aos limites. São inúmeras opiniões divergentes que, infelizmente, quase sempre deixam a maioria confusa, dividida e frustrada.

Há inúmeras maneiras de adorar. Algumas pessoas dão seminários em vários lugares declarando que determinado estilo de adorar é o único modo correto de adorar o Senhor, mas isso é uma visão estreita das riquezas inesgotáveis de Deus. A música e a letra nos foram dadas por Deus para louvarmos o seu nome, mas se consultarmos a Palavra, ela também fala a respeito de festejar e adorar – o que, na minha opinião, foi uma ideia excelente! Andar, saltar e louvar a Deus. Correr e louvar o Senhor. Nos momentos em que oferecemos louvor extravagante e nos momentos pessoais e silenciosíssimos. Não é preciso ser um grande cantor nem nenhum grande músico para louvar, basta ser alguém que tem relacionamento com o grande Deus e que reflete essa verdade em todo seu ser e em tudo que faz.

Carreguei em minha vida o peso de muitos "rótulos" pouco saudáveis, mas meu anseio é que o Rei dos céus me dê este rótulo: adoradora extravagante.

Eu lhe pergunto, você já chegou lá? Os pais conhecem bem essa pergunta. "Já chegamos?", "Já chegamos?". A família está viajando há horas, as crianças no banco de trás ficando inquietas e não muito bem-comportadas. Os pais ouvem o "coro das crianças" muito mais vezes do que gostariam: "Já chegamos?". Sempre dizemos às crianças: "Falta muito ainda". Como adoradores, ainda nos falta muito.

Em 2 Crônicas 5, lemos acerca da adoração e da comemoração de Israel quando a arca do Senhor foi finalmente levada para seu lugar no santuário interno do templo, o Lugar Santíssimo.

A Palavra diz que, quando os sacerdotes, os músicos e os cantores cantaram em uníssono para prestar adoração extravagante, "uma

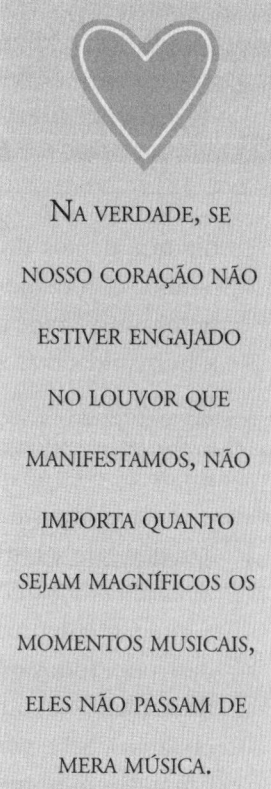

NA VERDADE, SE NOSSO CORAÇÃO NÃO ESTIVER ENGAJADO NO LOUVOR QUE MANIFESTAMOS, NÃO IMPORTA QUANTO SEJAM MAGNÍFICOS OS MOMENTOS MUSICAIS, ELES NÃO PASSAM DE MERA MÚSICA.

nuvem encheu o templo do Senhor, de forma que os sacerdotes não podiam desempenhar o seu serviço, pois a glória do Senhor encheu o templo de Deus" (2 Cr 5.13, 14). A tentativa dos sacerdotes de se ligarem a Deus se desvaneceu pois o próprio Deus veio e se ligou a eles. Ainda nos falta muito para chegar lá.

Nesta vida, as pessoas sempre procuram atalhos, soluções rápidas e o caminho mais fácil. Mas quando se trata do ouro da vida, os atalhos não têm vez. Precisamos melhorar e dizer estas palavrinhas: rendo minha vida. No final, a maioria dos atalhos se transformam em empecilhos ou atraso. Experimentei atalhos e procurei fazer as coisas do meu jeito e acabei frustrada, vendo a meta que perseguia ficando cada vez mais longe. Renda sua vida. Pague o preço. Chegue a Jesus com o coração grato e agradável e, em tudo quanto fizer, seja um adorador extravagante.

Sacrifício de louvor

Noé era um adorador extravagante. Em Gênesis 8.20, a Bíblia diz que depois do Dilúvio, "Noé construiu um altar dedicado ao Senhor e, tomando alguns animais e aves puros, ofereceu-os como holocausto". Noé presenciou uma destruição indizível. Imagine toda a humanidade afogando-se em volta dele, enquanto ele e a família estavam a salvo. Apesar disso, Noé tinha de fechar os ouvidos para o lamento da humanidade. É muito difícil sondar a angústia que teve de suportar, mesmo assim ele permaneceu obediente à ordem de Deus.

Leia Gênesis 8.21. O versículo diz que o Senhor sentiu o aroma agradável do sacrifício sincero de Noé e disse no seu coração: "Nunca mais amaldiçoarei a terra por causa do homem, pois o seu coração é inteiramente inclinado para o mal desde a infância. E nunca mais destruirei todos os seres vivos como fiz desta vez. Enquanto durar a terra, plantio e colheita, frio e calor, verão e inverno, dia e noite jamais cessarão". Sabe por que Deus fez essa promessa pactual conosco? Por causa de um homem que rendeu adoração e louvor ultra generosos e ao mesmo tempo obedeceu a ordem de seu Pai. Noé passou por circunstâncias extremas e, em meio a tudo, ainda continuou louvando a Deus. Isso é adoração extravagante. Noé é extraordinário! O aroma de seu coração encheu o céu e agradou a Deus.

Gênesis 22.2 fala de quanto Deus testou Abraão. Sempre fico comovida com essa história. Deus disse a Abraão: "Tome seu filho, seu único filho, Isaque, a quem você ama, e vá para a região de Moriá. Sacrifique-o ali como holocausto num dos montes que lhe indicarei". É um grande desafio para todos nós imaginar que Deus nos peça para colocar sobre o altar aquilo que mais amamos.

Abraão construiu um altar, em seguida amarrou o filho e colocou-o sobre o altar. Estendeu a mão e pegou a faca para matar seu precioso menino. O anjo, então, disse: "Não toque no rapaz [...] Não lhe faça nada. Agora sei que você teme a Deus, porque não me negou seu filho, o seu único filho" (Gn 22.12). Abraão estava preparado para dar tudo. Era ultra generoso. Excessivo. Estava preparado para dar o que ele mais amava. Tinha passado na grande prova.

E você? O que faz a sua adoração extravagante? Em 1 Crônicas 21, Davi disse que não queria "oferecer holocausto" (parte da adoração do Antigo Testamento) que não lhe custasse nada! Oro para que você tenha um vislumbre do coração dele quando compreendeu a responsabilidade da adoração verdadeira.

O adorador extravagante atrai e mantém a atenção de Deus. Quando Paulo e Silas estavam na prisão, adoraram a Deus. Sabiam que Ele jamais falharia com eles. De repente, quando estavam cantando e louvando, veio um som incrível que rompeu todas as barreiras naturais, e Deus os livrou da prisão de maneira sobrenatural. Em todas essas histórias bíblicas de que falei, sempre houve uma expressão de adoração extravagante, uma reação generosa do próprio Deus. Trata-se de causa e efeito. Adoração extravagante traz resultados radicais.

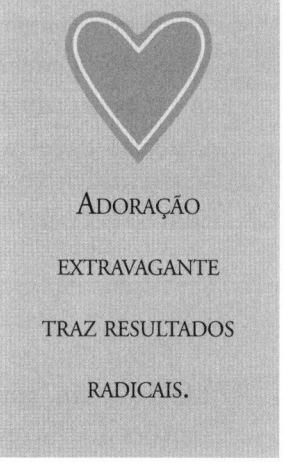

ADORAÇÃO EXTRAVAGANTE TRAZ RESULTADOS RADICAIS.

Ouvimos com frequência a expressão "adoração é um estilo de vida". O que isso significa de fato? Significa tão-somente viver uma vida de amor. Amar extravagantemente. O primeiro mandamento: "Ame o Senhor, o seu Deus, de todo o seu coração, de toda a sua alma, de todo o seu entendimento e de todas as suas forças" (Mc 12.30), significa exatamente isso. É preciso decidir com o coração e a mente buscar sempre em primeiro lugar o Reino de Deus e obedecer ao Espírito de Deus, quando Ele o chama para um conhecimento maior e mais profundo dele mesmo.

"Quem tem os meus mandamentos e lhes obedece, esse é o que me ama. Aquele que me ama será amado por meu Pai, e eu também o amarei e me revelarei a ele". Disse então Judas (não o Iscariotes): "Senhor, mas por que te revelarás a nós e não ao mundo?" Respondeu Jesus: "Se alguém me

ama, guardará a minha palavra. Meu Pai o amará, nós viremos a ele e faremos nele morada. Aquele que não me ama não guarda as minhas palavras. Estas palavras que vocês estão ouvindo não são minhas; são de meu Pai que me enviou" (Jo 14.21-24).

Adoração, amor e obediência caminham juntos. Como adoradores e fiéis amantes de Jesus, precisamos ser sinceros na adoração, na obediência e no amor a Ele sem coração dividido. Sinceridade, integridade, honestidade, obediência e verdade. O Salmo 86.11 diz: "Dá-me um coração inteiramente fiel, para que eu tema o teu nome". Davi certamente compreendia, quando fez essa oração, que era um homem imperfeito, ansioso por agradar a um Deus perfeito. Sabia que precisa pedir ajuda, pois seu coração tinha tendência a desviar-se, como o nosso. Faça da oração de Davi a sua oração. Que seu coração seja verdadeiro e agrade a Deus quando você o servir com sua vida e com toda a paixão. Essa atitude abre o céu no seu mundo.

O AUTOR DO AMOR

Estou sempre tentando compreender a definição de amor de Efésios 3: um "amor que excede todo conhecimento" (v. 19). Muitas canções que escrevi procurando expressar meu amor por Deus nem sequer chegam perto do que estou tentando dizer. Porém, tenho cada vez mais consciência de que posso mostrar ao Senhor o quanto o amo amando as pessoas, realizando minha parte da grande comissão e trazendo o próprio Autor do amor para nosso planeta carente de amor. Amar como Ele ama.

Uma amiga me lembrou recentemente de quando fui salva. Chorei muito na presença de Deus enquanto Ele me restaurava o coração, enchendo-me com seu amor incondicional. Agora, tudo que quero fazer é cantar eternamente sobre seu amor poderoso e restaurador para quem quiser ouvir! Quero contar ao mundo! Vou cantar o seu amor até me carregarem num caixão. E talvez ainda me ouçam mesmo assim!

Ser adorador extravagante é ser apaixonado por Deus e receber o amor dele por você. Ele o ama muito. Deus nos deu sua Palavra como uma carta de amor viva e palpitante. Nos deu uma carta de amor que contém tudo o que precisamos para viver essa vida e a futura. Para compreender o poder do amor e o poder de amar, você precisa ir direto ao Autor do amor e permitir que sua carta de amor seja impressa em sua vida.

> *Anunciarão o poder dos teus feitos temíveis, e eu falarei das tuas grandes obras. Comemorarão a tua imensa bondade e celebrarão a tua justiça. O Senhor é misericordioso e compassivo, paciente e transbordante de amor. O Senhor é bom para todos, a sua compaixão alcança todas as suas criaturas* (Sl 145.6-9).

Um dos maiores desafios da vida, para a mente e a alma, é receber o amor de Deus. Receba-o tão-somente como um presente. É a coisa mais absoluta de sua vida. Queria cantar esse corinho que você aprendeu quando era criança, "Sim, Jesus me ama", para que cada ser humano do planeta acreditasse nele. Na letra mais simples, que até uma criancinha sabe cantar, está a profunda verdade que liberta as pessoas: "Sim, Jesus me ama, a Bíblia assim o diz".

> *Porque Deus amou o mundo de tal maneira [e o estimou com tanto carinho] que deu seu Filho unigênito* (Jo 3.16 – ampliado)

Muitos procuram obter amor. Tentam conseguir o amor de Deus trabalhando para Ele. Acham difícil adorar porque sabem que não merecem esse amor. Essas pessoas se punem tentando inconscientemente agradar a Deus e obter seu favor e sua graça sem nunca o conhecerem de verdade. Nada que façamos pode fazê-lo nos amar mais.

> *Em amor nos predestinou para sermos adotados como filhos por meio de Jesus Cristo, conforme o bom propósito da sua vontade, para o louvor da sua gloriosa graça, a qual nos deu gratuitamente no Amado. Nele temos a redenção por meio de seu sangue, o perdão dos pecados, de acordo com as riquezas da graça de Deus, a qual ele derramou sobre nós com toda a sabedoria e entendimento* (Ef 1.5-8).

A letra da música "To You" [A Ti] diz "vivendo com tua promessa escrita no meu coração". Não apenas flutuando na minha cabeça de vez em quando, quando preciso de um bom estímulo. A promessa está escrita no meu coração. A carta de amor do Rei está escrita no meu coração. Tem de estar.

> *Amados, amemo-nos uns aos outros, pois o amor procede de Deus. Aquele que ama é nascido de Deus e conhece a Deus. Quem não ama não conhece a Deus, porque Deus é amor. Foi assim que Deus manifestou o seu amor entre nós: enviou o seu Filho Unigênito ao mundo, para que pudéssemos viver por meio dele. Nisto consiste o amor: não em que nós tenhamos amado a Deus, mas em que ele nos amou e enviou o seu Filho como propiciação por nossos pecados. Amados, visto que Deus assim nos amou, nós também devemos amar-nos uns aos outros. Ninguém jamais viu a Deus; se nos amarmos uns aos outros, Deus permanece em nós, e o seu amor está aperfeiçoado em nós* (1Jo 4.7-12).

A passagem continua, falando acerca do testemunho de amor de uns pelos outros e que as pessoas não conseguem entender a grandeza de Deus se seus discípulos não mostrarem o amor genuíno.

Antes de saber quem é Deus, você nunca vai saber de verdade quem você é. E antes de conhecer a profundidade do amor de Deus por você, jamais vai ter a experiência de saber que é amado sem nenhuma sombra de dúvida. Antes de saber que é amado, não conseguirá amar aos outros como ama a você mesmo, o que a Bíblia continuamente nos exorta a fazer. Os adoradores verdadeiros amam a Deus e as pessoas.

Oração e meditação

Os adoradores extravagantes conhecem o poder da oração e meditação. A Primeira Carta aos Coríntios 7.5 diz: "... para se dedicarem à oração". Se você faz parte de uma equipe de louvor, oro para que nunca venha a ser alguém que vai e faz "o que tem de ser feito". Nunca. Como adoradores, procuramos a face do Rei Todo-poderoso. Desejamos seu rosto mais que presentes e elogios, mais que qualquer outra coisa. A Palavra de Deus é bem clara: "Alegrem-se sempre. Orem continuamente. Deem graças em todas as circunstâncias, pois

To You	**A Ti**

Here I stand
Forever in Your mighty hand
Living with your promise
Written on my heart

I am Yours
Surrendered wholly to You
You set me in Your family
Calling me Your own

Now I, I belong to You
All I need
Your Spirit, Your word, Your truth
Hear my cry, my deep desire
To know You more

In Your name
I will lift my hands to the King
This anthem of praise I bring
Heaven knows I long to love You
With all I am

I belong to You

Eternamente estou em tuas poderosas mãos
Vivendo com tua promessa
Escrita no meu coração

Sou tua
Rendi-me totalmente a ti
Tu me adotaste em tua família
Chamando-me de tua

Agora pertenço a ti
Tudo que preciso é
Teu Espírito, tua Palavra, tua verdade
Ouve meu clamor, meu desejo profundo
De te conhecer mais e mais

Em teu nome
Levanto minhas mãos para o Rei
Este hino de louvor te ofereço
Os céus sabem que anseio amar-te
Com tudo que sou

Pertenço a ti

esta é a vontade de Deus para vocês em Cristo Jesus" (1Ts 5.16, 18). Alegrem-se, orem e deem graças.

Quando lemos a história de heróis da Bíblia como, por exemplo, Abraão, José e Moisés, vemos que eles andavam em comunhão com Deus e o adoravam constantemente. Não eram seres humanos perfeitos, eram apenas tão *gratos* por terem comunhão com Deus que o louvor fluía deles como reação natural ao Senhor.

Louvor e adoração extravagantes

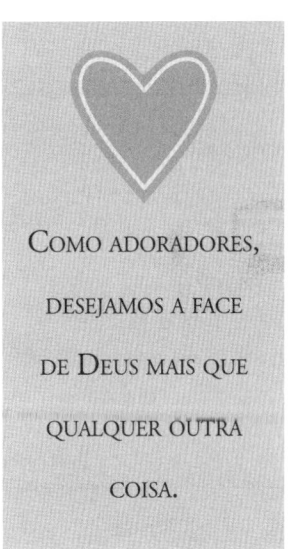

Como adoradores, desejamos a face de Deus mais que qualquer outra coisa.

O rei Davi é conhecido por nós afetuosamente como o "homem segundo o coração de Deus". Que título maravilhoso dado a um ser humano e registrado no céu! Em 1 Crônicas 15, a Bíblia narra os detalhes da entrada da arca da aliança (que representava a presença de Deus) na cidade de Davi em meio aos cânticos de alegria, gritos, ao som dos chifres de carneiro, das trombetas, dos címbalos, das liras e das harpas. O louvor triunfante ecoava enquanto todo o Israel se juntava ao desfile de ação de graças! Mical, a filha de Saul, viu o rei Davi dançando e celebrando, e o desprezou em seu íntimo.

Davi deu uma oferta extravagante. Se tivesse sido morno, Mical não teria tido ciúme nem o teria desprezado, porque não representaria ameaça. Não teria representado nada de valor. Quando alguém que é mero espectador vê outro realmente dando a vida e fazendo algo digno e muito valioso, pode ter vontade de se juntar a ele e louvar ou pode, por algum motivo, menosprezar a liberdade e a alegria que aquela pessoa está vivendo.

Davi estava sendo extravagante em sua expressão de louvor. Sempre que somos extravagantes há espectadores que não reagem como esperávamos. Mas o que gosto em Davi é o coração extravagante que ele tinha e o fato de que louvava com incontida liberdade! Ele deve ter levado todos à loucura com seu entusiasmo pois estava tremendamente apaixonado por seu Senhor. Dê uma lida em 1 Crônicas 16.7-36, que contém o salmo de ação de graças de Davi narrando verdadeiramente a profundidade e a grandeza do louvor elevado e da adoração fiel. Davi era um adorador que sabia buscar a face de Deus.

Aprenda a buscar a face de Deus sem se preocupar em poupar a sua. Você precisa saber ajoelhar-se. Não importa se sua adoração não pareça aceitável. Não importa se sua máscara estiver escorrendo pelo rosto... (bem, talvez para os homens???). Seja extravagante em sua expressão, em seu amor para com Deus.

Quando entrei no meu primeiro grupo de louvor, na adolescência, tentava de todo o jeito me adaptar ao grupo, participar do que eu achava que era adoração. Para dizer sem rodeios, eu fiquei simplesmente chata, não extravagante. Por alguma razão maluca eu tinha em mente que ser musicista cristã significava ser medíocre, nada extremada, ser calma e segura, como se isso de alguma forma me fizesse mais santa. Há poucos anos, entretanto, tomei a decisão de ser tudo o que Deus me predestinou para ser. Decidi que insípido não significa justo e que tenho permissão do Rei para deixar que "tudo o que há em mim bendiga o seu santo nome" (Sl 103.1 – ARA). As pessoas me acusaram de ter um ministério performático, voltado para o espetáculo, de ser expressiva demais. Mas uma coisa eu digo: há uma chama dentro de mim que não pode ser contida. O amor de Deus e seu perdão na cruz me fazem dançar na esperança de meu futuro, não importa o que as pessoas pensem. E o que posso dizer... sou uma mulher apaixonada!

Eu o incentivo a buscar o Senhor com diligência e amá-lo de todo o coração. "A minha alma anela, e até desfalece, pelos átrios do Senhor; o meu coração e o meu corpo cantam de alegria ao Deus vivo" (Sl 84.2). É assim que seu coração pulsa por Deus? Seja extravagante na sua busca por Cristo. Sua oferta de louvor a Deus vai glorificá-lo e agradá-lo quando ouvir você clamar por mais dele. Procure transbordar seu zelo por Deus enquanto continua edificando sua relação com Ele por meio da Palavra. Adore-o com o coração desejoso da presença dele. Mostre-lhe essa atitude de coração e expresse com música e cântico sua vontade de amá-lo mais – as possibilidades são ilimitadas.

Que posso ofertar?

Há apenas uma coisa que pode impedi-lo de ser um adorador fiel: você achar que não tem nada para oferecer a Deus. Isso de fato pode impedi-lo de começar, de se aventurar. A Bíblia diz "traga uma oferta" e você ainda acha que não tem nada com que contribuir para esse relacionamento. O que é a mais pura verdade. A única coisa que você tem para dar é você mesmo, e é tudo que Deus quer. Deus diz: "Dê-me seu coração. Eu não preciso do seu talento. Não preciso de seu dom. Não quero nada que você consiga fazer. Quero apenas você. Quero o seu coração". Quando olhamos para a vida de Davi vemos que ele foi muito fiel no que possuía e que amava o Senhor. Aos olhos das pessoas que conviviam com ele, não passava de o mais fraquinho de todos os irmãos, desprezado como alguém que "ninguém queria". Mas Deus se agradava do coração de Davi. Ele era um homem segundo o coração de Deus (At 13.22). Deus enxergou-lhe o coração. Viu sua fidelidade e respondeu de forma magnífica.

Vou lhes contar uma história de minha filha Chloe. Uma vez eu estava na cama, e ela me disse: "Mamãe, por favor, senta. Eu quero fazer o seu café da manhã". Bem, ela estava com cinco anos nessa época, logo, era lógico achar que eu teria de comer algo que ela ia fazer! Chloe tinha me observado e sabia que eu gostava de comer dessas torradas que parecem comida de cavalo (acho que são boas para a saúde). Mas ela não tinha permissão para mexer na torradeira, e nós conservávamos o pão no *freezer*. Portanto, o pão estava congelado, duro como uma pedra. Ela o pôs rapidamente numa bandeja e gritou: "Senta, mamãe, está quase pronto". Eu também tinha o hábito de tomar chá de ervas, mas ela não podia usar a chaleira. Por isso pegou uma xícara do armário e pôs um saquinho de chá com água fria. Que graça! Depois, não sei de onde saiu uma banana amassada. Acho que se lembrou do passado ou algo assim. Enfim, estava tudo pronto, e ela veio novamente: "Senta, mamãe, já estou indo". Eu fiquei sentada (orando!) e ela entrou, toda cheia de si. "Trouxe seu café!", e colocou a bandeja no meu colo. Faltaram-me palavras. "Você me ama, mamãe?" "Sim, amo, muito." Esperei-a sair, mas ela não saiu. Ficou sentada na

| **It is You** | **Tu és** |

Lamp unto my feet
Light unto my path
It is You, Jesus, it is You

This treasure that I hold
More than finest gold
It is You, Jesus, it is You

With all my heart
With all my soul
I live to worship You
And praise forever more

Lord everyday
I need You more
On wings of heaven I will soar
With You

You take my brokenness
Call me to yourself
There You stand
Healing in Your hands

Lâmpada para os meus pés
Luz para o meu caminho,
És tu, Jesus, és tu

O tesouro que tenho
Mais precioso que fino ouro
És tu, Jesus, és tu

De todo o meu coração,
De toda a minha alma,
Eu vivo para te adorar
E louvar para sempre mais
Louvar para sempre mais

Senhor, cada dia
Preciso mais de ti
Voarei em asas celestiais
Contigo

Tu tomas meu quebrantamento
Chama-me para ti
Oferecendo cura em tuas mãos

minha cama, olhando-me com a carinha mais linda. Então descobri: *tinha de comer aquilo*!

E o que faz toda boa mãe? Tomei o café. "Hummm, Chloe, está uma delícia!" O olhar dela foi impagável. Ela não tinha feito aquilo para ganhar pontos, para obter algo de mim. Era muito novinha para saber que podia fazer alguma coisa para ganhar um dinheirinho. Ela queria apenas me agradar.

Daqui a cinco anos ela não vai ser mais assim (espero!). Não é isso que ela vai poder trazer-me, mas para aquele dia, deu-me o melhor que estava ao seu alcance. Deu o que tinha de coração puro e queria agradar a mãe. Se você acha que não tem nada para oferecer, nada para trazer para a mesa, precisa saber que Deus não quer o que você vai ser, nem você pode saber o que vai ser. Deus quer tudo o que você é hoje. Apresente isso em adoração, apresente em louvor, deixe que essa explosão de fé o faça louvar o nome do Senhor e traga simplesmente o que você é hoje. Pensa que isso vai agradar o coração de Deus? Minha filhinha agradou tanto o meu coração que ainda estou falando nisso! E você vai agradar o coração de Deus porque Ele não olha para as coisas desta vida, Ele olha o coração.

Quando você exalta o Senhor, *Deus* cresce na sua vida e "você" diminui! Não sei de você, mas sei que preciso mais de Deus que de mim. Mais da sabedoria dele e menos das minhas ideias brilhantes. Mais da presença dele e menos do meu talento. É disso que preciso. Quando você começa a louvar o Senhor, Ele é exaltado e as coisas deste mundo ficam estranhamente obscuras. Lembra-se desta canção? "Volte seus olhos para Jesus, olhe seu rosto maravilhoso. As coisas da Terra vão ficar estranhamente obscuras, à luz da glória e da graça do Senhor". É verdade. Quando Jesus é exaltado, tudo em torno de nós, o bom, o ruim e o feio, simplesmente diminui quando nos concentramos nele.

Conheça seu valor

Seja alguém que conhece o próprio valor. Muitas pessoas, eu inclusive, lutaram e vão lutar com a insegurança. Falta de jeito, timidez, tudo isso. Mateus 10.31 é uma passagem adorável. "Então, não tenham medo; vocês valem mais do que muitos pardais!" Adoro esse versículo. Um pouco antes, nos versículos 29 e 30, lemos: "Não se vendem dois pardais por uma moedinha? Contudo, nenhum deles cai no chão sem o consentimento do Pai de vocês. Até os cabelos da cabeça de vocês estão todos contados".

Se você faz parte de uma equipe de louvor e procura subir no palco com confiança, sabendo quem é Deus, permanecendo nessa autoridade e unção tremendas que Ele lhe deu, fica difícil suportar o peso do "eu não sou nada". Às vezes é o inimigo, mas outras vezes é apenas falta de disciplina na sua vida. Falta de leitura da Palavra e atenção a aspectos da sua vida cristã. "Não tenha medo, você vale mais do que muitos pardais". Conheça seu valor. Não pelo que sabe ou pelo que pode fazer, mas pelo que Deus é. Ele vê todas as suas carências através do sangue de Cristo. Por causa de Jesus, Deus enxerga você do mesmo jeito que enxerga o Filho dele. Belo e perfeito.

É como vejo minhas filhas. Elas podem ser levadas e fazer travessuras, mas eu não as vejo assim. Eu as olho e acho que são perfeitas. Lindíssimas! Sem nenhum constrangimento, acho que são perfeitas. Maravilhosas. Acho que o dia em que Deus as pôs no mundo, caprichou ao máximo! Ah, o coração dos pais. Muito mais que isso, Deus olha para você e diz: "Filho, você é a melhor coisa que eu já criei!". É isso que Deus diz de você e que lhe deve dar ânimo suficiente para ficar firme e compreender. Não pelo que você é, nem por nada que tenha feito, apenas porque Ele é maravilhoso. Conheça seu valor.

Quando compreende quem você é em Cristo, sua alma experimenta um descanso que não pode coexistir com conflitos – é como tentar juntar as trevas com a luz. Elas jamais podem coexistir. O que faz tem importância, mas quem você é mais importante. Sempre. O que você traz para a mesa importa. Deus nos usa, pessoas como você e eu. Quem imaginaria? Gosto muito de 1 Coríntios 1.27, que diz: "Mas Deus escolheu as coisas loucas do mundo para envergonhar os sábios". Eu sou uma dessas coisas. Este é meu testemunho: a moça "com menor probabilidade de obter êxito".

Minha primeira viagem ministerial foi à Inglaterra, há muitos anos, com meu marido e o pastor titular de minha igreja, pr. Brian

Houston. Na época eu cantava apenas uma canção antes da pregação do meu pastor para acompanhamento musical. Nunca me esqueço de quando voltamos dessa viagem. Descobri que um dos pastores da igreja onde ministramos tinha dito ao meu pastor: "Você foi excelente, mas ela deixa a desejar".

Ei, não fique com pena de mim! Meu futuro jamais se apoiou na opinião de ninguém acerca de minha capacidade. Sou um testemunho da graça de Deus. Deus usa as pessoas que dizem: "Isso é tudo que tenho. Para ser usado no Reino, tem de ser por Deus!". Pessoas que são simples o suficiente para dizer "tudo quanto tenho vem apenas de Deus. É teu, Senhor, de qualquer modo. Por isso o mínimo que posso fazer é servir-te com o que tenho". O mínimo que podemos fazer é dar nossa vida a Deus, o que se vê e o que não se vê. A salvação é a o mais importante e tudo mais é apenas um grande bônus.

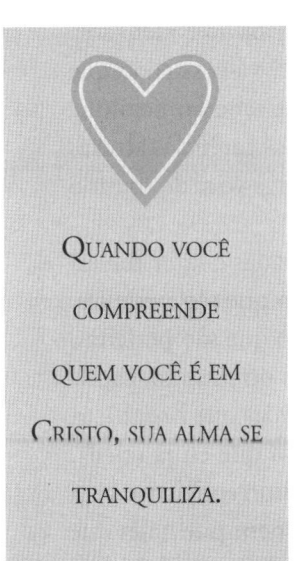

QUANDO VOCÊ COMPREENDE QUEM VOCÊ É EM CRISTO, SUA ALMA SE TRANQUILIZA.

Você e eu fomos criados com um propósito divino: ter Jesus no centro da existência. Fomos criados para adorá-lo em tudo que fazemos. Hebreus 10.19-22 diz: "Portanto, irmãos, temos plena confiança para entrar no Santo dos Santos pelo sangue de Jesus, por um novo e vivo caminho que ele nos abriu por meio do véu, isto é, do seu corpo. Temos, pois, um grande sacerdote sobre a casa de Deus. Sendo assim, aproximemo-nos de Deus com um coração sincero e com plena convicção de fé". Aqui você sabe que temos acesso ao Santo dos Santos. O poder da adoração, tendo Cristo como a principal pedra angular de sua vida, é muito real. E o versículo 22 nos estimula a nos aproximar de Deus com o coração puro e aberto. O Salmo 138.1 diz: "Eu te louvarei, Senhor, de todo o coração; diante dos deuses cantarei louvores a ti". Por isso continuamos louvando nosso poderoso Senhor – cantando, batendo palmas, dançando, celebrando, mergulhando em sua presença e ficando extasiados com sua graça.

Capítulo 2

LOUVOR EXPLOSIVO

Quando chegamos à presença de Deus com louvor e ação de graças, acredito que travamos uma batalha. Fazemos guerra. Diante do desafio e da perseguição, *louvamos*. O inimigo não tem oportunidade no meio de um povo consumido pelo louvor a Deus, um povo que se rejubila na grandiosa glória de Deus. Gosto muito de 2 Crônicas 20, quando Josafá e seu exército marcharam para enfrentar seus inimigos cantando e louvando. "Deem graças ao Senhor, pois o seu amor dura para sempre." O Senhor preparou emboscadas contra o inimigo e a batalha foi ganha! Houve grande júbilo e louvor, e o testemunho ainda maior do poder de Deus entre todos os povos! Costumo brincar dizendo que o inimigo foi vencido porque os cantores e os músicos eram tão ruins que mais se parecia com tortura. Por isso, os inimigos devem ter dito: "Tudo bem, vocês venceram, nós desistimos, mas, por favor, parem de cantar!". *Não*, não foi nada disso!!! Foi a poderosa força da presença de Deus. Quando você se coloca nesse lugar de louvor, trava a batalha e faz guerra.

Louvor não é apenas cantar alegre batendo palmas. Não são as canções rápidas antes da adoração mais suave e lenta. O louvor é uma declaração, é um grito de vitória declarando que o que vem em nossa vida para nos assaltar não nos conseguirá abalar, que não seremos perturbados pelas tentativas do inimigo de nos surpreender e agarrar à força. O louvor elevado é confrontador, quem quiser comodidade não deve participar dele. É um poderoso grito de guerra de que *permaneceremos* firmes e fortes e *louvaremos* a Deus em todos os momentos. Sabe de uma coisa? Quando você chega à presença de Deus, o inimigo não tem alternativa a não ser fugir. Aleluia! Se você precisa fazer o inimigo fugir de sua vida, então precisa construir um caminho de *louvor* para a vitória!

Para mim, particularmente, o louvor é uma explosão de fé. Explosão de fé que nos permite correr direto para os braços amáveis de Jesus. Vai além do que sentimos, de como foi nossa semana, de como têm sido os nossos dias, quer tenham sido bons, quer ruins. O louvor permite-nos chegar direto na magnífica realidade de Cristo, nosso glorioso Senhor. O Rei dos reis.

Vários anos atrás, numa viagem à África do Sul, visitei um hospital-orfanato superlotado só de crianças com AIDS abandonadas e extremamente doentes. Era de cortar o coração, tantas crianças maravilhosas, todas criadas com um destino e um propósito. Muitas tinham sido abandonadas à própria sorte. Esses lugares de refúgio eram dirigidos por uma igreja local, e a equipe que trabalhava com os doentes era de crentes cheios do Espírito, que conduziam cada criança sob seus cuidados ao divino relacionamento com Jesus.

Foi na enfermaria 1, de doentes crônicos de AIDS, que uma menininha me deu uma carta dizendo:

> *Você está fazendo o que nosso Pai quer que você faça, srta. Darlene. Por isso, faça o que tem para fazer da melhor maneira, e que Deus a abençoe cada vez mais. Agradecemos a Ele por tudo e o conhecemos.*
> *Deus abençoe você, srta. Darlene.*

Em seguida, quinze crianças mais velhas vieram à salinha de espera e cantaram uma canção para mim, "Tudo é possível". Eu estava desconcertada, mas elas estavam radiantes, felizes de verdade, pondo a realidade de Cristo à frente do corpinho maltratado pela doença.

All things are possible

Almighty God my Redeemer
My hiding place, my safe refuge
No other name like Jesus
No power can stand against You

My feet are planted on this rock
And I will not be shaken
My hope it comes from You alone
My Lord and my salvation

Your praise is always on my lips
Your word is living in my heart
And I will praise You with a new song
My soul will bless You Lord

You fill my life with greater joy
Yes I delight myself in You
And I will praise You with a new song
My soul will bless You Lord

When I am weak, You make me strong
When I'm poor, I know I'm rich
For in the power or Your name
All things are possible

Tudo é possível

Deus, Todo-poderoso, meu Redentor
Meu esconderijo, meu refúgio seguro
Nenhum outro nome é como o de Jesus
Nenhum poder prevalece contra ti

Meus pés estão firmados nessa Rocha
Não me abalarei
Minha esperança vem de ti somente
Meu Senhor e minha salvação

Tu me enches a vida com alegria maior
Sim, deleito-me em ti
E vou louvar-te com um cântico novo
Minha alma te bendirá, Senhor

Quando estou fraco, tu me fazes forte
Quando estou pobre, sei que estou rico,
Pois no poder de teu nome
Tudo é possível

Elas cantaram com tanta *fé*! "Agradecemos a Deus por tudo e *o conhecemos*!" Foi lindo!

Três meses depois, todas tinham ido se encontrar com Jesus. Isso nos faz enxergar a vida por outro ângulo, não faz? Às vezes, ficamos tão presos ao nosso mundinho, a coisas tão sem importância. Sirvamos ao Senhor com alegria. Servi-lo com alegria é conhecer a Cristo. *Nele* eu vivo, *nele* eu me movo, *nele* está todo meu ser.

DEUS HABITA NOSSOS LOUVORES

Deus habita no louvor de seu povo, é o que a Palavra nos promete no Salmo 22.3. O que isso quer dizer? É espantoso quando começamos a pensar de fato sobre isto: que Deus em *toda* sua plenitude habita em *nossos* louvores a Ele. É aí que se encontra Deus. Não é só que o Senhor goste de festa. Ele gosta, mas traz consigo seu amor, sua cura, seu perdão, sua graça, sua misericórdia, e assim por diante. Do que precisamos? É isso que Ele nos traz. Do que você precisa? Deus habita em seus louvores. Não apenas nos meus louvores, mas também nos seus. Não só aos domingos na reunião da igreja, mas em casa quando você está trabalhando, quando está lavando ou estendendo as roupas, preparando a refeição para a família ou para os amigos. Deus, em toda sua plenitude, habita em seus louvores.

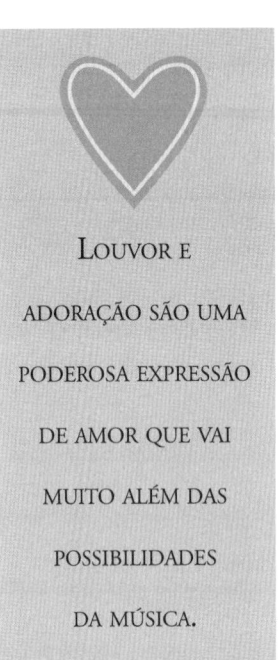

LOUVOR E ADORAÇÃO SÃO UMA PODEROSA EXPRESSÃO DE AMOR QUE VAI MUITO ALÉM DAS POSSIBILIDADES DA MÚSICA.

Você quer de verdade começar a entender o que isso significa? Significa que toda vez que você começa a louvar a Deus, toda vez que o adora, pode confiar que Ele suprirá suas necessidades. Quando louva e adora a Deus e menciona suas necessidades, você vê Jesus se transformar na resposta às suas necessidades. É isso que Deus é. Ele é tudo que preciso.

Certa vez, fui visitar uma igreja, e a congregação não queria cantar o cântico "Jesus You're All I Need" [Jesus tu és tudo que preciso].

Perguntei-lhes por que, e me responderam que não concordavam. Estavam pensando em termos práticos, como comida, ar para respirar etc.. Mas para mim, meu amigo, sem Jesus, eu na verdade não preciso de mais nada, porque sem Ele a vida não vale a pena. Eu preciso de Jesus. Você precisa de Jesus. Ele é tudo que necessitamos.

Deus não resiste aos louvores de seu povo. Esse é o Deus a quem servimos. Toda vez que os adoradores e as pessoas do louvor, os músicos da igreja, os cantores, equipe de produção, dançarinos, atores, se levantam para louvar a Deus, sua presença vem como uma torrente. Embora vivamos na presença de Deus, sabemos quando seu amor está sendo *derramado* sobre nós de maneira sobrenatural!

O PODER DO LOUVOR

O louvor e a adoração ultrapassam todas as fronteiras do talento e da capacidade, porque *invadem o Inferno e empolgam o Céu*! Temos de pensar além das notas, da forma ou da técnica. O louvor e a adoração são uma poderosa expressão de amor que vai muito além das possibilidades da música. Foram-nos dados como armas de guerra ou como um cobertor quentinho nas noites frias. São uma maneira sobrenatural de expressar nosso agradecimento a nosso Deus sempre amoroso. Jamais subestime o dom e o poder do louvor e adoração na sua vida. Quando somos obedientes e oferecemos a Deus o pouquinho que podemos, Ele *sempre* é fiel para responder. Tome a decisão de ser alguém que conhece as armas que Deus nos deu para o progresso do Reino e prepare-se para incontáveis momentos sobrenaturais na sua vida.

> *Dos lábios das crianças e dos recém-nascidos firmaste o teu nome como fortaleza, por causa dos teus adversários, para silenciar o inimigo que busca vingança* (Sl 8.2).

Em algumas versões, lemos: "Dos lábios das crianças e dos recém-nascidos *suscitaste louvor*" (conforme cotação da NVI). Deus ordenou louvor até dos seres humanos mais tenros para *calar* o inimigo! Para *repreender o devorador* por nossa causa. Louve-o! Louve-o! Louve-o!

Quando você canta, dança e se alegra em face da oposição, está usando literalmente as armas de guerra que Paulo menciona em 2 Coríntios 10.4: "... pois as armas da nossa milícia não são carnais, mas poderosas em Deus, para demolição de fortalezas".

Em maio de 2000, estávamos prontos para fazer uma turnê de louvor da equipe Hillsong nos EUA. Essas turnês são muito intensas, tanto física quanto espiritualmente, mas os milagres que vemos ocorrer nesses períodos são incríveis. Na época, eu estava com doze semanas de gravidez de uma criança que tínhamos planejado e aguardávamos há muito tempo. Numa manhã, três dias antes da partida, eu e Mark fomos ao obstetra para examinar as condições do bebê antes de viajarmos, e acabamos descobrindo que a criança estava morta no útero.

Ficamos arrasados e com o coração em pedaços. Tudo em que você pode pensar não chega nem perto de descrever a agonia daquele momento. Foi muito ruim, uma perda terrível. Como toda mulher que passou por isso sabe, nossas esperanças e nossos sonhos em relação à criança também morrem. Tínhamos ido ao médico em carros separados, por isso eu teria de voltar dirigindo sozinha e Mark me acompanharia com o carro dele. Entrei no carro e simplesmente não sabia o que fazer nem pensar. Não posso sequer descrever a tristeza profunda que senti.

Grandioso és tu

Senhor, meu Deus, quando eu, maravilhado,
contemplo a tua imensa criação
– o céu e a Terra, os vastos oceanos –
fico a pensar em tua perfeição.

Então minha alma canta a ti, Senhor:
"Grandioso és tu! Grandioso és tu!".
Então minha alma canta a ti, Senhor:
"Grandioso és tu! Grandioso és tu!".

No caminho de casa, ouvi o Espírito Santo sussurrar: "Cante".

Naquele momento era a última coisa que eu tinha vontade de fazer. Cantar! Está brincando? Não podia imaginar nada que eu quisesse menos, mas de novo ouvi o Espírito Santo dizer: "Cante". Por isso, depois de anos de aprendizado, descobri que é melhor obedecer prontamente. E comecei a cantar. Minha mente não cantava, e nem sei se meu coração cantava, mas meu espírito cantava. Era quase involuntário. Cantei dois cânticos.

O primeiro que me saiu dos lábios foi o hino que diz: "Então minha alma canta a ti, Senhor: Grandioso és tu". Fiquei muito surpresa, pois era o hino que cantamos no funeral de meu pai. A letra fala de pôr a Palavra de Deus acima de tudo que estejamos enfrentando humanamente. Fala de ser triunfante no Senhor. A segunda canção foi uma que eu tinha escrito anos antes, chamada "I Will Bless You Lord" (Eu te bendirei Senhor). O coro diz: "Minha alma clama por ti, ó Deus, eu te bendirei, Senhor". De novo, eu cantei sem pensar no que cantava. Meu ser mais íntimo, meu espírito, estava cantando, não meu intelecto.

Quando cheguei em casa, algo tinha ficado claro no reino espiritual. Eu tinha falado muitas vezes no poder da adoração em meio à provação.

Eu mesma tinha feito isso muitas vezes em vários graus, mas nunca tinha experimentado o poder de Deus chegando e cumprindo de modo tão soberano sua Palavra: "Sara os quebrantados de coração e lhes ata as suas feridas" (Sl 147.3). Estando na doce presença de nosso glorioso Salvador, eu estava a caminho da cura completa e da vitória pessoal.

Eu ainda tive de passar pelas implicações físicas de perder um bebê: a operação, ter de contar para nossas filhas, contar para nossa igreja (que estava tão ansiosa por nós), e horas e horas de lágrimas. Mas eu e Mark tomamos a

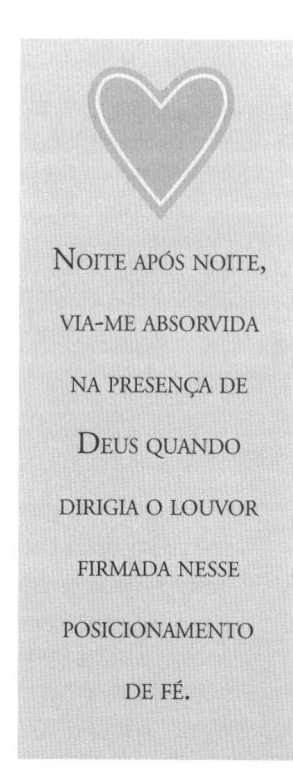

> NOITE APÓS NOITE, VIA-ME ABSORVIDA NA PRESENÇA DE DEUS QUANDO DIRIGIA O LOUVOR FIRMADA NESSE POSICIONAMENTO DE FÉ.

decisão de manter nossos planos e levar em frente a turnê de louvor. Talvez tenha sido a coisa mais difícil que já fiz.

Mas, novamente, noite após noite, via-me absorvida na presença de Deus quando dirigia o louvor firmada nesse posicionamento de fé. Preferi dirigir o louvor a ceder mais terreno ao inimigo do que ele já tinha tomado. Durante três semanas, diariamente eu decidi elevar meus olhos e louvar o Senhor com tudo o que eu tinha.

Encontrei a cura nos braços de Deus, embora a tristeza ainda tenha seguido seu curso natural. Descobri a verdade de "sing, oh barren woman..." (cantar, oh mulher estéril) e agradeci a Deus pela criança de que fui mãe durante doze semanas e que sempre guardarei na lembrança com carinho.

Não importa o que esteja enfrentando, você encontrará uma resposta nos braços de Deus. O Salmo 138.2 diz: "Voltado para o teu santo templo eu me prostrarei e renderei graças ao teu nome, por causa do teu amor e da tua fidelidade; pois exaltaste acima de todas as coisas o teu nome e a tua palavra". Esse versículo é poderoso. Deus está exaltado acima de tudo que você enfrenta, acima de qualquer decepção, acima de qualquer desolação, acima de tudo que tentar se exaltar acima do nome de Jesus.

O Senhor diz que nos deu seu nome, sua Palavra e sua promessa. O versículo seguinte deste salmo diz: "Quando clamei, tu me respondeste; deste-me força e coragem". O povo de Deus é uma companhia de homens e mulheres bravos.

Entrem por suas portas com ações de graças, e em seus átrios, com louvor; deem-lhe graças e bendigam o seu nome (Sl 100.4).

Louvar a Deus sem muito interesse, sem ter a intenção de entrar por suas portas com o máximo de ação de graças é como ter nas mãos uma granada sem jamais puxar o pino para detoná-la. É como possuir um quadro de Leonardo da Vinci e mantê-lo em segurança num cofre.

Até já ouvi alguém referir-se aos cânticos como "aperitivos" ou "coquetel". *Reduzir* clamores que abalam a Terra a declarações como essas certamente deve entristecer o coração de Deus, já que Ele aguarda com paciência que andemos no poder de suas promessas.

Quem me oferece sua gratidão como sacrifício, honra-me, e eu mostrarei a salvação de Deus ao que anda nos meus caminhos (Sl 50.23).

Uma poderosa verdade que nossa equipe de louvor da Igreja Hillsong começou a compreender é que há um poder tremendo em apresentar uma oferta de ação de graças a Deus. Em Filipenses 4.6, lemos: "Não andem ansiosos por coisa alguma, mas em tudo, pela oração e súplicas, e com ação de graças, apresentem seus pedidos a Deus".

Como adoradores, somos um povo que conhece o poder da ação de graças e recebemos com prazer a paz do Senhor. A Bíblia diz que podemos entrar pelas suas portas, pelos seus átrios, com ação de graças. É algo poderoso. Abre caminho para irmos direto à grandiosa sala do trono do Rei dos reis.

Quando entramos com ação de graças verdadeira, a paz de Deus, que excede todo entendimento, acompanha nosso coração agradecido. Adoração e louvor são oração. Oração íntima, intercessória, poderosa. Em Filipenses 4, depois de nos incentivar a apresentar nossas súplicas a Deus com ação de graças, a Palavra diz: "E a paz de Deus, que excede todo entendimento, guardará os seus corações e as suas mentes em Cristo Jesus". Adoração extravagante é o entendimento do poder que há em apresentar ação de graças na adoração e no louvor.

Em nosso coro há uma senhora que tem toda razão do mundo para ser amarga. O marido a abandonou quando estava grávida do quarto filho. Mas ela canta louvores no coral de manhã, à tarde e à noite. Ela criou condições em sua vida para conseguir atender ao chamado de Deus e cuida muito bem dos filhos e da casa.

Essa mulher é um testemunho da grandeza de Deus. É fabuloso. Ela teria toda razão para ficar em casa, mas não fica. É consumida pela

> DEUS NÃO RESISTE AOS LOUVORES DE SEU POVO.

paixão por seu Senhor. Poderia ficar em casa sentindo pena de si mesma, mas está decidida a dar louvor, todo santo dia. É maravilhoso.

Celebradores perseverantes

Seja perseverante e incansável em seu louvor e adoração quando estiver enfrentando uma provação. Sabe quem eu acho que cantou o Salmo 118? Jesus. Depois da refeição da Páscoa e antes da crucificação. Acredito que Ele cantou esse hino momentos antes de levar sobre si as transgressões da humanidade a fim de nos libertar. Foi de fato uma enorme provação, contudo, Jesus cantou e adorou a Deus.

> *Deem graças ao Senhor porque ele é bom; o seu amor dura para sempre. Que Israel diga: "O seu amor dura para sempre!" Os sacerdotes digam: "O seu amor dura para sempre!". Os que temem o Senhor digam: "O seu amor dura para sempre!".*
> *Na minha angústia clamei ao Senhor; e o Senhor me respondeu, dando-me ampla liberdade.*
> *O Senhor está comigo, não temerei. O que me podem fazer os homens? O Senhor está comigo; ele é o meu ajudador. Verei a derrota dos meus inimigos. É melhor buscar refúgio no Senhor do que confiar nos homens. É melhor buscar refúgio no Senhor do que confiar em príncipes.*
> *Todas as nações me cercaram, mas em nome do Senhor eu as derrotei. Cercaram-me por todos os lados, mas em nome do Senhor eu as derrotei. Cercaram-me como um enxame de abelhas, mas logo se extinguiram como espinheiros em chamas. Em nome do Senhor eu as derrotei.*
> *Empurraram-me para forçar a minha queda, mas o Senhor me ajudou. O Senhor é a minha força e o meu cântico; ele é a minha salvação. Alegres brados de vitória ressoam nas tendas dos justos: "A mão direita do Senhor é exaltada! A mão direita do Senhor age com poder!".*
> *Não morrerei; mas vivo ficarei para anunciar os feitos do Senhor. O Senhor me castigou com severidade, mas não me entregou à morte.*
> *Abram as portas da justiça para mim, pois quero entrar para dar graças ao Senhor. Esta é a porta do Senhor, pela qual entram os justos. Dou-te graças, porque me respondeste e foste a minha salvação.*
> *A pedra que os construtores rejeitaram tornou-se a pedra angular. Isso vem do Senhor, e é algo maravilhoso para nós* (Sl 118.1-23).

Compreenda o poder do louvor quando estiver enfrentando a provação. Gosto muito da vida de Davi porque ele tinha um coração extravagante. Era extravagante quando era bom e era extravagante quando era mau! Mas Davi conhecia o poder da adoração em meio à tribulação.

> *Os meus inimigos dizem maldosamente a meu respeito: "Quando ele vai morrer? Quando vai desaparecer o seu nome?".*
> *Sempre que alguém vem visitar-me, fala com falsidade, enche o coração de calúnias e depois as espalha por onde vai.*
> *Todos os que me odeiam juntam-se e cochicham contra mim, imaginando que o pior me acontecerá: "Uma praga terrível o derrubou; está de cama, e jamais se levantará".*
> *Até o meu melhor amigo, em quem eu confiava e que partilhava do meu pão, voltou-se contra mim.*
> *Mas, tu, Senhor, tem misericórdia de mim; levanta-me, para que eu lhes retribua. Sei que me queres bem, pois o meu inimigo não triunfa sobre mim. Por causa da minha integridade me susténs e me pões na tua presença para sempre.*
> *Louvado seja o Senhor, o Deus de Israel, de eternidade a eternidade! Amém e amém!* (Sl 41.5-3).

Esse é Davi. É alguém que já tramou a morte de um homem e cometeu adultério. Em 2 Samuel 12.13, lemos que Davi se arrependeu e recebeu o perdão de Deus. Graças ao perdão de Deus, ele foi capaz de se levantar e dizer: "Por causa da minha integridade me susténs". Davi compreendeu o poder de louvar e adorar a Deus quando seu mundo estava desabando. Ele compreendeu o poder do perdão e por isso cantou e escreveu uma canção de amor ao Senhor que o libertou. Aprenda a adorar quando estiver enfrentando a provação.

O PODER DO CLAMOR

Há *grande* poder no clamor. O clamor é profético, é edificado na fé, é dizer que as coisas não estão como deviam estar. Muda a atmosfera. "Aclamem a Deus com cantos de alegria" (Sl 47.1). O Salmo 98.4 diz: "Aclamem o Senhor [...] Louvem-no com cânticos de alegria". E Isaías

Aclame ao Senhor

Meu Jesus, salvador
Outro igual não há
Todos os dias quero louvar
As maravilhas de teu amor

Consolo, abrigo
Força e refúgio é o Senhor
Com todo o meu ser
Com tudo o que sou
Sempre te adorarei

Aclame ao Senhor toda a Terra e cantemos
Poder, majestade e louvores ao Rei
Montanhas se prostrem e rujam os mares
Ao som de teu nome
Alegre te louvo por teus grandes feitos
Firmado estarei, sempre te amarei
Incomparáveis são tuas promessas pra mim

Aclame ao Senhor toda a Terra e cantemos
Poder, majestade e louvores ao Rei
Montanhas se prostrem e rujam os mares
Ao som de teu nome
Alegre te louvo por teus grandes feitos
Firmado estarei, sempre te amarei
Incomparáveis são tuas promessas pra mim

26.19 declara: "Acordem e cantem". O versículo não diz acordem e cantem para seu companheiro. Não diz acordem e cantem para seus filhos. Diz, sim, "acordem e cantem de alegria"!!!

Conheça o poder do clamor. Quando estou dirigindo o louvor, não grito para tentar fazer as pessoas ficarem empolgadas, nem "estimuladas". Quando grito, estou incentivando as pessoas a pôr a fé em ação, a clamar e mudar a atmosfera que envolve a vida delas. Não é um grito de ira. É um grito cheio de fé! Sou o pior dos pesadelos de um professor de canto, pois forço a voz constantemente *antes* de começar a cantar. Fico empolgada na reunião de louvor quando chegamos a Deus e *clamamos seus louvores*!!! Quero entrar em cada culto cheia de expectativa de ver as vidas das pessoas transformadas. Quero entrar e cantar uma nova canção. Quero gritar! Quero dirigir as pessoas e ajudá-las a ver o Pai, ajudá-las a "provar e ver que o Senhor é bom". Este é o poder do clamor.

AS MURALHAS ESTÃO VINDO ABAIXO

Pouco tempo atrás, Deus começou a falar-me sobre as muralhas emocionais de nossa vida, que elas podem ser removidas e virão abaixo com louvor e adoração. Falou-me que essas muralhas impedem muitos de entrar na riqueza da adoração. Há muitas delas em nossa vida: muralhas emocionais que erguemos a fim de nos proteger, de nos fechar e separar. Em geral, são elas que nos mantêm num confinamento seguro, que não permite que nosso homem interior seja desafiado, que se desenvolva, nem que seja confrontado. Às vezes nem sequer permite que nosso homem interior seja amado.

Levantamos as muralhas para sentir o mínimo da dor que nos infligem, ou para receber o amor com o mínimo de risco. Mas hoje é o dia em que a igreja está sendo restaurada. Estamos sendo restaurados como uma igreja forte e as muralhas estão vindo abaixo.

A unção de Deus derruba fortalezas, derruba tudo que nos mantém presos e quebra o jugo que aprisiona. É isso que a unção faz. O nome de Jesus derruba as muralhas. Quando exaltamos seu nome em louvor e adoração e deixamos o coração cantar ao nosso Criador, vemos as muralhas de nossa vida começarem a ruir.

Muitos livros do Antigo Testamento falam de muralhas. Elas protegem da aproximação de assassinos e mantêm as pessoas em segurança. Algumas comunidades eram construídas em cima de muralhas, para ter uma ideia de quanto eram espessas. A cidade de Jericó era cercada por uma. As pessoas moravam na parte de cima dela para conseguir ver tudo que se aproximava, quer fosse favorável, quer desfavorável. É para isso que serviam, e é isso que fazem em nossa vida hoje. Algumas de nossas muralhas podem ser tão espessas que precisam de dinamite para ser derrubadas. Outras podem ser bem frágeis e facilmente desmanteladas, e ainda outras podem precisar ser atacadas com um grito de louvor. Como disse anteriormente, o clamor é como um grito profético que derruba a muralha de sua vida. É um grito de louvor que vem do âmago do seu ser, que crê na divindade e na soberania de nosso Deus.

> DEUS É GRANDIOSO E DEVE SER ADORADO GRANDIOSAMENTE.

Você acredita verdadeiramente que Deus pode destruir as muralhas de sua vida? Eu creio. Ele fez isso para mim inúmeras vezes. Vi pessoalmente Deus desmantelar minhas próprias muralhas de insegurança, orgulho, falta de confiança e medo enquanto eu o louvava apesar delas.

Aclamem a Deus, povos de toda terra! Cantem louvores ao seu glorioso nome; louvem-no gloriosamente! Digam a Deus: "Quão temíveis são os teus feitos! Tão grande é o teu poder que os teus inimigos rastejam diante de ti! Toda a terra te adora e canta louvores a ti, canta louvores ao teu nome" (Sl 66.1-4).

Gosto muito dos escritos de T. D. Jakes e de sua esposa, Sereta. No livro "The princess within" [A princesa interior], há uma parte em que Sereta revela: "Quando descobri que Jesus já havia perdoado o que eu não conseguia esquecer e já havia esquecido aquilo de que eu ainda tinha remorso, tive tamanho alívio. As muralhas que eu tinha erguido para me proteger de meus sentimentos e para esconder a culpa do passado foram ficando cada vez menos necessárias. O tempo todo eu pensara que estava impedindo as pessoas de me invadir, mas na verdade eu estava me proibindo de sair. Estava presa por uma muralha invisível".

É isso que acontece quando erguemos muralhas. Achamos que estamos nos protegendo de ser magoados, mas na verdade estamos nos impedindo de sair, mantendo-nos presos.

> *Naquele dia você dirá: "Eu te louvarei, Senhor! Pois estavas irado contra mim, mas a tua ira desviou-se, e tu me consolaste.*
> *Deus é minha salvação; terei confiança e não temerei. O Senhor, sim, o Senhor é a minha força e o meu cântico; ele é a minha salvação!" Com alegria vocês tirarão água das fontes da salvação.*
> *Naquele dia vocês dirão: "Louvem o Senhor, invoquem o seu nome; anunciem entre as nações os seus feitos e façam-nas saber que o seu nome é exaltado. Cantem louvores ao Senhor, pois ele tem feito coisas gloriosas, sejam elas conhecidas em todo o mundo. Gritem bem alto e cantem de alegria, habitantes de Sião, pois grande é o Santo de Israel no meio de vocês"* (Is 12.1-6).

Adoro a parte que diz: "Gritem bem alto e cantem de alegria". Todo culto que começo, grito algo como: "Bem-vindo à igreja! Formidável! Deus é grandioso e deve ser adorado grandiosamente. E nós vamos cantar louvores a Ele! Não queremos que fiquem pensando no que aconteceu na vida de vocês, queremos que se concentrem em Jesus e o deixem ser a resposta a todas as suas necessidades. Amém! Fiquem em pé, batam palmas, cantem louvores a Ele". Isso é uma promessa do céu que eu gosto muito.

Em Josué 1, o Senhor fala a Josué dizendo: "Meu servo Moisés está morto. Agora, pois, você e todo este povo preparem-se para atravessar o rio Jordão e entrar na terra que eu estou para dar aos israelitas. Como prometi a Moisés, todo lugar onde puserem os pés eu darei a vocês [...] nunca o deixarei, nunca o abandonarei". O Senhor estava dizendo isso a Josué porque este estava prestes a derrubar uma muralha. Estava prestes a tomar posse da terra prometida. É isso que existe do outro lado da *sua* muralha: a terra prometida. "Nunca o deixarei, nunca o abandonarei". O Senhor diz a Josué: "Seja forte e corajoso, porque você conduzirá este povo para herdar a terra que prometi". Os versículos 7-9 dizem: "Seja forte e muito corajoso! [*no lugar de Josué, eu teria começado a ficar nervosa*] Tenha o cuidado de obedecer a toda a lei que o meu servo Moisés lhe ordenou; não se desvie dela, nem para a direita nem para a esquerda, para que você seja bem-sucedido por onde andar. Não deixe de falar as palavras deste Livro da Lei e de meditar nelas de dia e de noite, para que você cumpra fielmente tudo o que nele está escrito. Só então seus caminhos prosperarão e você será bem-sucedido. [...] Seja forte e corajoso! Não se apavore, nem desanime, pois o Senhor, o seu Deus, estará com você por onde você andar".

Qual é a sua muralha? Se quiser atacá-la, precisa ter a Palavra de Deus escondida e firme no coração. Josué tinha a Palavra de Deus e não mais que isso. Tinha basicamente a Palavra de Deus e uma muralha enorme!

Quando você caminha com coragem e está decidido a atacar as muralhas de sua vida, deixa o Diabo nervoso. Em Josué 2.9, lemos acerca de Raabe, que era uma prostituta que morava na muralha mas ajudou Josué a entrar. Ela disse aos dois hebreus:

"Sei que o Senhor lhes deu esta terra. Vocês nos causaram um medo terrível, e todos os habitantes desta terra estão apavorados por causa de vocês. Pois temos ouvido como o Senhor secou as águas do mar Vermelho perante vocês quando saíram do Egito, e o que vocês fizeram a leste do Jordão com Seom e Ogue, os dois reis amorreus que vocês aniquilaram. Quando soubemos disso, o povo desanimou-se completamente, e por causa de vocês, todos perderam a coragem, pois o Senhor, o seu Deus, é Deus em cima nos céus e embaixo na terra" (Js 2.9-11).

Quando Josué começou a se preparar, quando se armou e começou a avançar para derrubar a muralha, o acampamento do inimigo ficou nervoso. Não porque Josué fosse brilhante, mas porque tinham ouvido falar sobre o poder do seu Deus. Não é sensacional? Quando você apresenta uma oferta extravagante de louvor a Deus, quando dá um poderoso grito de vitória de louvor, o Diabo fica nervoso porque sabe que o poder do nosso Deus derruba as fortalezas que nos mantêm presos.

Depois de ter-se preparado, o próximo passo de Josué foi avançar. Avançou em direção à muralha. Josué 6.6 relata: "'Levem a arca da aliança do Senhor [*a presença de Deus*]. Sete de vocês levarão trombetas à frente da arca' [*espero que soubessem tocar*]. E ordenou ao povo: 'Avancem!'" (Js 6.6, 7). Não podemos derrubar as muralhas de nossa vida permanecendo parados. É preciso avançar, tomar terreno, ir em frente. É preciso "raça" para louvar a Deus em face da oposição. Precisamos ser homens e mulheres de Deus com garra para livrar-nos das coisas que nos prendem e avançar.

Em seguida, Josué começou a tomar providências para cumprir o que Deus lhe exigira. Começou a preparar o povo. A Bíblia diz que sete sacerdotes carregavam sete trombetas à frente, marchando na frente da arca do Senhor. Gosto disso porque a presença de Deus os acompanhava sempre. O mesmo ocorre com você. A presença de Deus o acompanha. Os homens armados foram adiante deles, a retaguarda acompanhou a arca do Senhor e as trombetas continuaram tocando.

Eles marcharam em volta da cidade uma vez e voltaram ao acampamento. Fizeram isso durante seis dias. Estavam analisando, orando e preparando-se para o desmoronamento! Então, no sétimo dia, levantaram-se no raiar da manhã e marcharam em volta da cidade do mesmo jeito, exceto que nesse dia rodearam a cidade sete vezes.

Na sétima volta, quando o sacerdote tocou a trombeta, Josué ordenou ao povo: "Gritem! O Senhor lhes entregou a cidade! A cidade, com tudo o que nela existe, será consagrada ao Senhor para destruição". E o versículo 20 completa: "Quando soaram as trombetas, o povo gritou. Ao som das trombetas e do forte grito, o muro caiu. Cada um atacou do lugar onde estava, e tomaram a cidade". Tomaram a terra prometida! Dedicaram a terra prometida ao Senhor e destruíram tudo nela, toda vida que não se curvava diante do Senhor.

É vigoroso quando começamos a louvar e sentimos uma ira justa da barreira que nos envolve. Às vezes um "por favor, Jesus" com os dedos cruzados não é suficiente. Às vezes é preciso apegar-se a Deus e deixar sair o grito. É um grito de vitória. É um soco na cara do Diabo e uma declaração de louvor e ação de graças a nosso glorioso Deus.

Por isso gritamos na presença dele e permanecemos em pé para observar a queda da muralha. Adoro isso! Derrube as grandes muralhas de sua vida com louvor. As orações, o incenso dos santos são tão ricos, tão gratificantes, principalmente quando estamos em meio ao mal e às trevas e observamos a beleza e a graça da vida abundante. É isso que acontece no louvor e adoração.

Preparas um banquete para mim à vista dos meus inimigos. Tu me honras, ungindo a minha cabeça com óleo e fazendo transbordar o meu cálice. Sei que a bondade e a fidelidade me acompanharão todos os dias da minha vida, e voltarei à casa do Senhor enquanto eu viver (Sl 23.5, 6).

Se vocês permanecerem firmes na minha palavra, verdadeiramente serão meus discípulos. E conhecerão a verdade, e a verdade os libertará (Jo 8.31, 32).

> DIAS MAIS GLORIOSOS DE LOUVOR NOS ESPERAM QUANDO APRENDEMOS A NOS DESVENCILHAR MENTALMENTE DO "O QUE AS PESSOAS VÃO PENSAR".

Há casamentos excelentes que estão trancados atrás de muralhas da falta de perdão, do orgulho e da falta de confiança. Há ministérios maravilhosos trancados atrás de muralhas de rebeldia e impiedade. E há cura trancada atrás das muralhas do medo. Há possibilidades de amizades e de aprofundamento da amizade e relacionamentos piedosos que se mantêm afastados por paredes de insegurança. Há também dias mais gloriosos de louvor que nos esperam quando aprendemos a nos desvencilhar mentalmente do "o que as pessoas vão pensar" e caminhamos na vitória que está reservada para os "celebradores" desta terra.

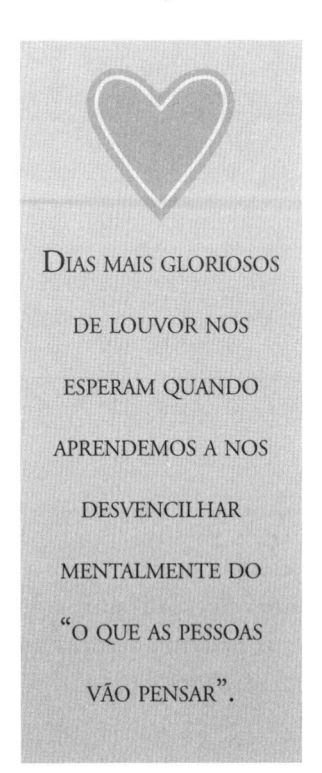

Cerca de sete anos atrás, quando chegamos a Sidney, eu e Mark fomos à Igreja Hillsong e conhecemos um casal maravilhoso, Pat e Liz Mesiti, que foram nossos primeiros amigos chegados em nossa nova igreja. Por causa de minhas inseguranças, minha amizade com Liz chegou até certo nível e depois eu ergui uma *enorme muralha*... "Gelei-a" completamente na minha vida. A muralha tinha sido construída durante os anos de pensamento equivocado e não fora entregue ao senhorio de Cristo.

Eu queria desesperadamente fazer a amizade avançar, mas não conseguia. Por isso, me enclausurei na minha "conchinha". Parei de conversar com Liz e de telefonar para ela. Sabe como é, eu queria muito ser livre, mas a muralha era enorme! Tinha levado anos para ser construída. Era real e eu não conseguia empurrá-la de volta até que me coloquei na presença do Senhor, rendi minha vida ainda outra vez e disse: "Senhor, derrube essa muralha de insegurança que não quer mais se magoar com uma amizade, que é ansiosa por dar amor, mas não está preparada para receber". Era uma muralha evidente e, depois de derrubada, demorou alguns anos para recuperarmos a amizade que tínhamos. Agora Liz é uma das pessoas mais queridas de minha vida, mas detesto aquele tempo perdido. Que perda! Fico furiosa porque o inimigo vem para roubar, matar e enganar. Mas a Palavra de Deus vem para libertar. Para nos fazer progredir, dar liberdade, para nos dar um coração tão grande e emoções tão livres que somos capazes de amar toda uma geração ferida sem o impedimento de nenhuma barreira.

Capítulo 3

COMPROMISSO E CONSEQUÊNCIA

Ensina-me, Senhor, o caminho dos teus decretos, e a eles obedecerei até o fim. Dá-me entendimento, para que eu guarde a tua lei e a ela obedeça de todo o coração. Dirige-me pelo caminho dos teus mandamentos, pois nele encontro satisfação (Sl 119.33-35).

Há uma palavra na Bíblia que, de alguma forma, uma grande quantidade de cristãos ignora e procura fugir dela: obediência. Gênesis 22.17 fala acerca de Abraão e diz: "Esteja certo de que o abençoarei e farei seus descendentes tão numerosos como as estrelas do céu e como a areia das praias do mar. Sua descendência conquistará as cidades dos que lhe forem inimigos e, por meio dela, todos os povos da terra serão abençoados, porque você me obedeceu". Deus disse: Porque você me obedeceu, posso conceder-lhe tudo que lhe prometi. Não é fabuloso? Deus é incrível, todas as nações da Terra serão abençoadas.

Obediência significa submissão (não é uma palavra de que todos gostam), ter o hábito de render-se a autoridade. O verbo *render-se* também parece horrível! Exige compromisso. Decisão, compromisso e submissão. Todos nós falamos em submissão quando tudo é uma maravilha. Mas submissão não é submissão enquanto você não concordar com ela. Só assim existe submissão. É fácil dizer "Eu me submeto" ao pastor. Mas, de repente, ele faz algo com que você não concorda e você diz: "De jeito nenhum". Na verdade, você nunca se submeteu! Estava apenas de acordo, não estava submisso. É muito diferente.

Comprometer-se, obedecer, submeter-se, ter o costume de render-se a autoridade. Por que as pessoas têm tanto medo de obedecer? Minha resposta é: porque exige uma resposta, mas não apenas uma resposta. Exige compromisso com essa resposta. Exige continuidade dessa resposta. E, sabe de uma coisa, na sociedade em que vivemos, no século XXI, as pessoas não são boas para ir até o final. Somos todos muito bons para começar porque gostamos de ter as coisas rapidamente, gostamos de tudo instantâneo. Resmungamos quando temos de esperar trinta segundos a mais que o normal num drive-thru! Gostamos das coisas imediatas e não estamos preparados para esperar. Mas Deus é construtor, não mágico. Ele é construtor de vidas, e as construções mais primorosas sempre levam tempo.

> Jamais fomos chamados para viver essa vida sobrenatural por meios naturais.

Em nossa jornada pela vida sempre haverá alguns vales. Mas se perseverar neles, do outro lado há grande vitória, um caminho além de tudo que você jamais conseguiu pedir ou imaginar. Essa é a promessa de nosso Deus, mas em geral não estamos dispostos a cooperar. Estamos dispostos a responder, mas não a firmar compromisso com essa resposta que nos permite colaborar até o fim. Sabem de uma coisa? Sempre penso que é porque tentamos fazer pela carne. Jamais fomos chamados para viver essa vida sobrenatural por meios naturais. Fomos criados para vivê-la no poder do Espírito Santo. É exatamente assim que fomos ligados para viver essa vida de propósito. Com o poder do Espírito Santo.

"Não por força nem por violência, mas pelo meu Espírito", diz o Senhor dos Exércitos (Zc 4.6).

Antes de ser salva, obediência para mim significava regras e leis. Era uma questão de cumprir obrigação, uma decisão puramente cerebral. Não era uma decisão profunda. Era uma decisão baseada em fatos. No Antigo Testamento, as pessoas obedeciam porque não obedecer implicava em morte. Mas, nessa nova vida em Cristo, debaixo de uma nova aliança, a obediência é uma questão do coração. Não é uma decisão baseada em fatos, é baseada em fé. Obedecemos ao Senhor porque Ele exige obediência, não importa o que conseguimos ver. Não ver com os olhos humanos, mas ver com os olhos do Espírito.

Charles Swindoll disse certa vez que "a verdadeira prova de seu amor pelo Senhor é a obediência. Nada mais, nada menos". Não é absolutamente fantástico? Obediência não é para medrosos. Obediência é para guerreiros, é para alguém que consegue se manter firme apesar das circunstâncias, e dizer "sim" para Deus e "não" para si mesmo. Isso é obediência. É uma palavra que requer força e resistência. Somos o exército do Senhor e não podemos ir longe se não tivermos obediência e compromisso completos. Obediência para ir até o fim não é apenas uma questão da mente ou de disciplina, é uma questão de coração. Você consegue? Ela está sempre com Deus. Eu gosto dela na adoração. Gosto de ficar no meio de um povo que louva. Um povo que se consome por seu Deus para honrá-lo com louvor, com adoração, com cânticos. Apesar disso, há pessoas que preferem não entrar no louvor. No meio da incrível presença de Deus, param antes de entrar. É falta de obediência. Essas pessoas cruzam os braços, trancam-se dentro de si e dizem: "Não vou adorar".

Você não deseja ser alguém que obedece ao Senhor? Sou tão ávida por obedecer a Deus que mantenho o pulso do meu coração harmonizado com a melodia do coração dele. Você quer ficar "em sintonia" com Deus para obedecer-lhe, a fim de realizar tudo quanto nasceu para fazer. Quando você não obedece, você desobedece. Não há meio--termo. Deus detesta o meio-termo. Não gosta de cinza. Portanto, se o medo impera e o aprisiona, você acaba ficando quieto por causa do medo. Você sabe que tudo continua caminhando para a frente, e você, na verdade, está andando para trás?

TEMER AO SENHOR

Para ter um coração obediente, você precisa ficar longe do temor que aprisiona. Não pense nisso. Mas entenda o que é o temor do Senhor. É diferente do temor que aprisiona. Deuteronômio 5.29 diz: "Quem dera eles tivessem no coração esta disposição para temer-me e para obedecer a todos os meus mandamentos. Assim tudo iria bem com eles e com seus descendentes para sempre!". Para sempre. Que maravilhosa promessa! Contudo, se você não obedecer, se começar a olhar para sua vida com olhos humanos e não com os olhos do espírito, você limita essa promessa para sua vida. "Quem dera eles tivessem no coração esta disposição para temer-me e para obedecer a todos os meus mandamentos. Assim tudo iria bem com eles e com seus descendentes para sempre!". É a mesma promessa que foi feita a Abraão. O temor do Senhor é o senso profundo e reverente de obrigação de prestar contas a Ele. Precisamos sempre ser reverentes para com o Senhor. Ele é nosso melhor amigo, claro. É nosso consolador e conversamos com Ele como com um amigo. Entretanto, também é o Criador do Universo, é o Alfa e o Ômega, o princípio e o fim, o primeiro e o último. Ele é sua salvação, sua cura, seu provedor, nosso perfeito Cordeiro de Deus.

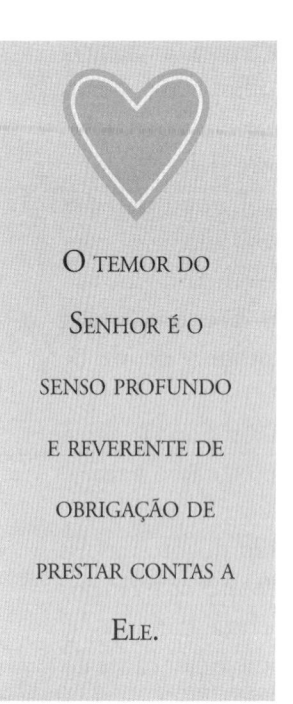

Em Malaquias 3.16, lemos: "Depois, aqueles que temiam o Senhor conversaram uns com os outros, e o Senhor os ouviu com atenção. Foi escrito um livro como memorial na sua presença acerca dos que temiam o Senhor e honravam o seu nome. 'No dia em que eu agir', diz o Senhor dos Exércitos, 'eles serão o meu tesouro pessoal'". É o que foi escrito quando o Senhor viu os que o temiam. Não é sensacional que a vida

> O TEMOR DO SENHOR É O SENSO PROFUNDO E REVERENTE DE OBRIGAÇÃO DE PRESTAR CONTAS A ELE.

cristã que temos dá acesso incrível à sala do trono de Deus? Todavia, Ele exige obediência. É como um pai com o filho. Se você quer deixar seus filhos ficarem na rua, não dê nenhuma instrução a eles e apenas diga: "A rua é ótima, podem brincar lá". Agindo assim você não está sendo um pai decente.

É por isso que o Senhor ordena obediência. Deus põem limites em nossa vida porque nos ama muito. Pelo seu compromisso conosco de que seríamos tudo aquilo que nos criou para ser. Se Ele não exigisse obediência, imagine em que confusão estaríamos metidos! É por isso que amo o Espírito Santo, porque Ele nos guia. Obedecer é uma escolha sua. Ainda é sua escolha, mas lhe digo uma coisa, se não obedecer, vai acabar andando em círculos. Vai acabar ficando com enjoo de tanto girar! Por causa da desobediência. Tema o Senhor. Tema o Senhor e reverencie-o.

DEPOSITE SUA FÉ EM DEUS

"Confie no Senhor de todo o seu coração e não se apoie em seu próprio entendimento" (Pv 3.5).

Aprendi a sempre *confiar no Senhor* e não ser levada pelo que vejo. Obedecer a sua Palavra em vez das opiniões populares, confiar nela e em seu tempo perfeito é sempre uma lição para edificar o caráter!

Eu o desafio a pegar a bandeira com os dizeres "Não importa o que seja preciso" e hasteá-la no topo de sua vida em completa obediência. Renda-se ao incrível coração de nosso Senhor porque, eu lhe digo, seus caminhos são mais elevados que os nossos caminhos. Às vezes é difícil compreender isso, e é difícil enxergar. Mas é a realidade, sempre.

Quando madre Teresa de Calcutá era jovem, disse à mãe que queria entrar no ministério. A mãe tinha outros planos para a doce Teresa. Deve ter sido a coisa mais difícil do mundo, mas ela disse: "Segure na mão de Deus e ande por toda parte com Ele, sempre com Ele, até o fim". E o mundo a viu fazer isso com a glória de Deus sobre ela. Esta é a oração que foi o *slogan* "Não importa o que seja preciso" de sua vida. Foi escrita por São Francisco de Assis no início do segundo milênio.

Senhor,
Fazei-me instrumento de vossa paz!
Onde houver ódio, que eu leve o amor;
Onde houver ofensa, que eu leve o perdão;
Onde houver discórdia, que eu leve a união;
Onde houver dúvidas, que eu leve a fé;
Onde houver erro, que eu leve a verdade;
Onde houver desespero, que eu leve a esperança;
Onde houver tristeza, que eu leve a alegria;
Onde houver trevas, que eu leve a luz!

Mestre,
Fazei com que eu procure mais
Consolar, que ser consolado;
Mais compreender, que ser compreendido;
Mais amar, que ser amado.

Pois é dando que se recebe;
É perdoando que se é perdoado;
É morrendo que se vive para a vida eterna!

Considere o custo

Quando algo teve um preço exclusivamente para você, você o valoriza, guarda com carinho. Se trabalhou muito por alguma coisa e ela finalmente é sua, você a conserva com muito cuidado. Quando observamos crianças que sempre ganham tudo o que desejam, vemos que estão sempre pedindo, sem nenhuma preocupação com o preço e sem considerarem o valor das coisas. As metas de sua vida têm um custo, mas esteja disposto a considerar esse preço. Comparando com ganhar a Cristo e seu amor, qualquer preço vale a pena ser pago.

"Aclame ao Senhor" é uma canção conhecida em todo o mundo. Mas, para mim, foi uma canção muito cara para escrever. Surgiu de um período difícil de minha vida e foi algo muito precioso. Custou muito de minha própria vida. Pelo lado errado da reviravolta, foi muito cara. Mas pelo lado certo da reviravolta, que na verdade foi o vencedor, eu não a trocaria por nada. Antes da muralha foi um caminho muito caro. Meu homem interior não tinha condições para escrevê-la, mas algo se levantou dentro de mim. Não era eu, era o Espírito de Deus que me fez abrir caminho e, do outro lado, havia o investimento maior.

Às vezes é preciso apenas avaliar os custos e abrir caminho, pois do outro lado é como o céu. Eu diria que talvez 95 por cento das pessoas não pagam o preço. Elas recuam e jamais procuram descobrir o que havia do outro lado.

> "ACLAME AO SENHOR" FOI UMA CANÇÃO MUITO CARA PARA EU ESCREVER.

O conselho da sabedoria é: Procure obter sabedoria; use tudo o que você possui para adquirir entendimento (Pv 4.7).

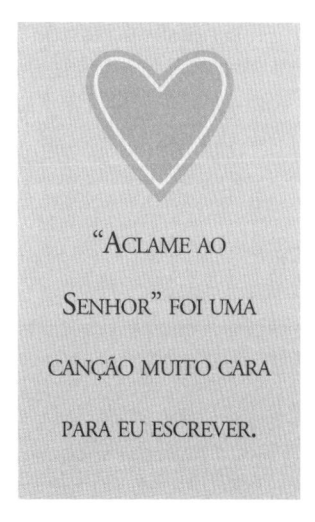

Disse-me ainda: "Está feito. Eu sou o Alfa e o Ômega, o Princípio e o Fim. A quem tiver sede, darei de beber gratuitamente da fonte da água da vida". O vencedor herdará tudo isto, e eu serei seu Deus e ele será meu filho (Ap 21.6, 7).

Essa passagem me interessou porque diz que a fonte da água da vida é gratuita. Mais adiante no versículo, porém, lemos "o vencedor herdará tudo isto". As pessoas leem a primeira metade e exclamam: "Que maravilha, é de graça!", mas não leem a linha seguinte. O *vencedor* é aquele que resiste a qualquer disputa, às tramas do inimigo. É isso que Deus está dizendo. Aquele que vencer (preparado para fazer o que for preciso) herdará tudo isto: a fonte gratuita da água da vida.

As coisas preciosas têm um *preço* e nós resolvemos se estamos dispostos a pagar. Desejo ser uma líder valiosa na casa de Deus, portanto preciso estar preparada para pagar o preço necessário para ser essa pessoa. Ser um bom pai ou uma boa mãe custa tempo. Ser um músico ou um cantor excelente exige disciplina, prática e mais prática. Ser um bom marido ou uma boa mulher requer amor, muito amor! O valor que você dá a uma coisa determina o preço que está disposto a pagar por ela. Toda vez que paga o preço, isso o faz mais alto, mais forte. E você passa a ser uma pessoa maior em Cristo. Se estiver enfrentando a possibilidade de arcar com algum custo, não recue. Você tem de ser responsável, converse com seus amigos, seu pastor, seus conselheiros, com o grupo a quem você presta contas, seu grupo da igreja. O conselho piedoso vai inspirá-lo e animá-lo a pagar o preço exigido.

> Tinha de custar alguma coisa... Para o Senhor custou tudo.

Comprometa-se a pagar o preço. Quando olho alguns preços altos nas etiquetas que vieram com algumas lições da vida, fico muito feliz de ter escolhido pagá-las. Cresça sempre em seu compromisso com o Reino. O nível de comprometimento que era bom para você no ano passado já não é mais extravagante. Tem de custar algo. Para o Senhor custou tudo. Comprometa-se, mas não para impressionar nenhum líder. Comprometa-se simplesmente porque está apaixonado por Jesus e fará qualquer coisa para o avanço de seu Reino.

Pague o preço, faça o que tem de fazer com beleza e alegria. Depois de tomar essa decisão e se comprometer, não é nada que precise sequer considerar mais. É um negócio encerrado na sua mente. É esse tipo de pessoa que o Pai procura, pessoas que não hesitam. Pessoas que calcularam o preço. E é assim mesmo. Desisti de meus direitos há muito tempo. Esta vida não é minha. Isto é certo. Tome essas decisões. Considere o custo e faça. Você não precisa mais lutar com a dúvida de se Deus é fiel a sua promessa. A certeza da promessa de Deus se encontra em Hebreus 6.13:

Quando Deus fez sua promessa a Abraão, por não haver ninguém superior por quem jurar, jurou por si mesmo,
   (Adoro a Bíblia: "[Deus] jurou por si mesmo")

dizendo: "Certamente o abençoarei e lhe darei muitos descendentes".
Assim, depois de esperar pacientemente,
   [Você não gosta dessa passagem?]

> *Abraão alcançou a promessa. Os homens juram por alguém superior a si mesmos, e o juramento confirma o que foi dito, pondo fim a toda discussão. Querendo mostrar de forma bem clara a natureza imutável do seu propósito para com os herdeiros da promessa, Deus o confirmou com juramento, para que, por meio de duas coisas imutáveis, nas quais é impossível que Deus minta, sejamos firmemente encorajados, nós que nos refugiamos nele para tomar posse da esperança a nós proposta. Temos esta esperança como âncora da alma, firme e segura* (Hebreus 6.13-19).

Entenda que, quando Deus faz uma promessa, é algo garantido. O meio de você trabalhar mais esse pacto da promessa em sua vida é a perseverança. Tenha coragem de comprometer sua vida totalmente com Deus. Tenha coragem de perseverar e veja o que a perseverança produzirá. Continue firme porque a promessa de Deus é imutável e certa. Firme o compromisso de servi-lo não importa quanto custe.

Compromisso e consequência: a escolha é sua.

Have your way

This yearning deep within me
Reaches out to You
Your oil of joy for mourning
Soaks me makes me new

And I will go
To your secret place
Bow my knee
To your glorious throne
Have your way
In my heart o Lord
Have your way

I need You Holy Spirit
Fire to my soul
Consume my total being
Jesus take control

Toma o teu lugar

Este anseio profundo dentro em mim
Leva-me a ti
Tua unção de alegria para o abatido
Inunda-me e renova

Irei ao teu lugar secreto
Dobrar os joelhos
Diante de teu trono glorioso
Toma o teu lugar
No meu coração, Senhor
Toma o teu lugar

Preciso do teu Santo Espírito
Inflama minha alma
Consuma todo meu ser
Jesus, assuma o controle

Capítulo 4

MINISTÉRIO DE ADORAÇÃO

Houve uma época em minha vida que fiquei muito confusa a respeito de "meu papel" no ministério e na vida da igreja. Eu amava o Senhor... Mas não tinha certeza se ia conseguir me acertar. Adorava cantar e frequentemente fazia apresentações em conjuntos e musicais. (Até participei do musical "Hair"... o que será que eu tinha na cabeça?!). Eu fazia tudo o que podia com medo de me transformar numa "simples cantora de igreja". Cantar, ou trazer o dom para dentro da igreja, tinha um estigma. (Incrível, não? Pois a razão principal dos dons em primeiro lugar era para a glória de Deus!).

Eu ainda *não* entendia o que significava *conhecer* nosso objetivo e persegui-lo com criatividade. Em outras áreas eu era muito confiante em Deus, mas era muito insegura no que dizia respeito a semear meu dom e usar toda a minha energia para promover o Reino de Deus servindo em minha igreja local.

Na época em que me converti, eu já cantava profissionalmente e fazia shows há cinco anos. Eu me apresentava desde que tinha uns três anos de idade. Minha querida mãe me fazia cantar onde quer que me ouvissem e assistissem, mesmo se não quisessem!

Houve, entretanto, um momento de definição muito cedo na minha caminhada cristã, um momento que principalmente me manteve a clareza no coração e na mente a respeito de liderar o louvor. Houve um dia determinado em que percebi, enquanto estava orando para meus novos melhores amigos, aquela voz ainda fraca sussurrar-me no íntimo do ser.

"Você nunca precisa representar para mim."

Parei e pensei: "O que foi isso? Não era eu. Eu nem sequer pensava desse jeito!". Eu nem sequer sabia como era a voz de Deus! Mas foi o que eu ouvi. A voz doce e suave do Espírito Santo, separando meu passado do meu futuro, realinhando minha vida com o Senhor e voltando-a para a direção que Deus tinha pré-planejado.

Oro para que enquanto lê este livro você também receba uma revelação de Deus de que sua salvação não se baseia em seu talento, nem em quanto você é bom, mas em quanto nosso magnífico Deus é cheio de graça!

Anos depois comecei a dirigir o louvor, mas aquela voz inconfundível sussurrou isso em minha vida repetidas vezes. Ela me livrou de reger as pessoas sem ser pega na armadilha de ser uma artista do louvor (ei... o que é isso?). E de ficar procurando sempre agradar a homens para viver uma vida dedicada a ser alguém que agrada a Deus.

Eu estava trancada numa representação de cristianismo. Mesmo tendo as chaves em minhas mãos, aquela palavra de Deus para me libertar desse hábito de pensamento, minha compreensão ainda estava engatinhando, retida pela dúvida e falta de confiança. Pensava que eu, de alguma maneira, teria de ganhar minha salvação. O que eu fazia e o que eu era estavam entrelaçados de uma forma não salutar. Isso é um problema incrivelmente real para muitas pessoas. Com o tempo, porém, lendo a Palavra e construindo um *relacionamento* com Deus, minha mente aos poucos começou a renovar-se.

Renovação da minha mente

Hebreus 10.16 diz: "Porei as minhas leis em seu coração e as escreverei em sua mente". E Romanos 12.2 acrescenta: "Não se amoldem ao padrão deste mundo, mas transformem-se pela renovação da sua mente". Eu achava que ser cantora exigia muita disciplina, aquecimento, etc.. Mas, puxa! Renovar minha mente requereu *enorme* disciplina e aprender a levar todo pensamento cativo exige muita resistência. Você conhece essa sensação. Damos um passo à frente e começamos a nos elevar nas coisas de Deus e, em seguida, sem perceber, damos um passo atrás. Mas aprendi que não é preciso experimentar retrocesso quando deixamos o poder da Palavra de Deus renovar nossa mente. Se você tem esse problema, precisa ouvir uma série de recursos. Ouça fitas de mensagens. Meu carro se transformou em minha escola "renove sua mente" quando, durante anos, ouvi a centenas de horas de ensinamento, reeducando meu homem interior. Cuidado com o que anda assistindo na televisão. Mesmo que você a ligue só para ouvir algum barulho enquanto faz algo. Você conhece o ditado "tudo que entra sai". Se você ouve porcaria, vai falar porcaria.

> DEIXE O PODER DA PALAVRA DE DEUS RENOVAR SUA MENTE.

Liberte o coração e a mente, não os deixe com fome. Não os deixe com fome porque eles irão procurar alimento em outro lugar. Alimente-os com a comida certa. Acho que de vez em quando é muito importante fazer um check-up no coração. Sua conversa é sobre morte ou sobre vida? Depende do seu coração. Você gosta de fofoca ou a ignora? Depende de seu coração. O poder da língua é impressionante. O que você confessa sobre o seu mundo é surpreendente. Tem um poder e tanto. Aquilo com que você se deleita transparece quando dirige o louvor. Deleite-se com a Palavra e deixe o poder transformador dela moldar o seu mundo. Já que o louvor é o cântico do coração, a saúde dele será revelada mais cedo ou mais tarde.

O coração é a casa de máquinas de nossa vida. Não é de admirar que o autor de Provérbios diz: "Sobre tudo o que se deve guardar, guarda o teu coração, porque dele procedem as fontes da vida" (Pv 4.23 – RC). Guarde-o com diligência. Não é assombroso que, no mundo de hoje, as pessoas gastem milhares de dólares e horas e horas do dia exercitando o corpo, a fim de se sentirem bem e ficar com boa aparência? No entanto, recusam-se a gastar um segundo sequer com a casa das máquinas da vida delas.

Adoro o Salmo 139.13, 14: "Tu criaste o íntimo do meu ser e me teceste no ventre de minha mãe. Eu te louvo porque me fizeste de modo especial e admirável. Tuas obras são maravilhosas!". Para chegar ao ponto em que pude dizer verdadeiramente "eu fui feita de modo maravilhoso e tuas obras são maravilhosas" foram anos. Anos!! Foi o processo de renovação de minha mente que me capacitou a transformar meus pensamentos.

Que Deus misericordioso é o Senhor. Apesar de minhas dúvidas e das intermináveis inseguranças, Ele esteve comigo em cada passo do caminho. Guiando-me com mansidão, como um pai ou uma mãe ensina pacientemente seu precioso filho a andar. Dizemos ao bebê: "Vem querido; isso; muito bem". Quando a criança cai, batemos palma e dizemos: "Muito bem, boa tentativa". Nós a levantamos e repetimos tudo de novo, incentivando-a e ajudando quantas vezes forem necessárias. Na nossa busca de Cristo e entendimento do dom da salvação, nosso precioso Pai diz: "Isso mesmo, muito bem, confie em mim, eu vou segurá-lo!".

No ano 2000, a Sociedade Americana de Compositores, Autores e Editores concedeu-me grande honra indicando-me para compositora do ano. Foi uma honra imensa, mas no caminho para lá fiquei nervosíssima.

Como já disse, antes de ser ministra de música trabalhei na indústria musical secular fazendo shows, cantando *jingles* para comerciais de TV e coisas desse tipo. Por isso, vim de um ambiente onde se fala muito do "indivíduo" e do reconhecimento do "seu talento". Como adoradora, trabalhei durante muitos anos para me fazer diminuir e deixar que Cristo crescesse. Por isso fiquei nervosa voltando a um ambiente em que, embora cristão, seria possível concentrar-se no mundo da música em vez da razão da música.

Somos todos fracos, não importa quanto nos achemos fortes. Somos todos capazes de fazer coisas erradas na vida, por isso eu estava nervosa. Mas entrei no avião e, na longa viagem de Sidney a Nashville, acredito que Deus falou comigo. O Espírito Santo falou-me claramente ao coração e disse: *"Você não está à venda, você foi comprada por um preço"*. Para mim, isso significava tudo, pois me senti confiante entrando no auditório, sabendo que meus sentimentos eram verdadeiramente do Senhor.

ORGULHO

Assumi a responsabilidade de ser ministra de adoração e de louvor com muita seriedade. Se você procurar na Bíblia, verá um fato muito sério: a única pessoa a ser lançada fora do céu foi o diretor de música!!! O orgulho é uma semente que cria raízes com *muita* facilidade.

O orgulho do homem o humilha, mas o de espírito humilde obtém honra (Pv 29.23).

Pois tudo o que há no mundo – a cobiça da carne, a cobiça dos olhos e a ostentação dos bens – não provém do Pai, mas do mundo (1 Jo 2.16).

Precisamos realmente aprender a ter o controle do coração e da mente. Um dos maiores perigos que enfrentamos em Hillsong é sermos famosos por nosso louvor. Posso lhe dizer com sinceridade: nosso trabalho é apenas fazer *Deus* famoso em nosso louvor. Se for possível conservar isso no fundo do coração, com certeza conseguimos deixar tudo para trás.

Certa vez, viajei para outro estado da Austrália para cantar em um evento. Quando cheguei lá, eu era apenas uma entre um milhão de coisas acontecendo naquela noite. No final da noite, por ser convidada, presumi que alguém ia levar-me até o hotel. Por isso fiquei andando pelas salas de trás do local. Não havia mais muita gente por lá, e eles tinham-se esquecido de escalar alguém para me levar de volta!

Eu não conhecia ninguém, por isso perguntei a uma moça se podia me levar até o hotel. Ela respondeu que não! Foi muito engraçado! Acabei tendo de pagá-la para me levar! Quando cheguei ao hotel estava tão embaraçada que nem liguei para a igreja nem para lugar nenhum. No dia seguinte tomei um táxi, cantei na reunião da manhã e em seguida peguei o avião de volta o mais rápido que consegui! Tudo isso por pensar que eu estava "virando alguém"! Acho que Deus estava pondo minha cabeça em ordem!

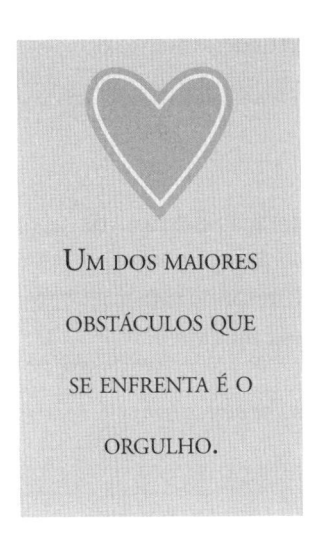

Como música e cantora, um dos maiores obstáculos que se enfrenta é o orgulho. Se você conseguir anular esse obstáculo, vai libertar-se verdadeiramente para uma vida maravilhosa de serviço no Reino. Não pensar muito alto de si mesma, dar preferência aos outros, ouvir conselhos e correções, tudo isso ajuda a lidar com o orgulho. Assim você fará parte de uma equipe que diz: "Ei, companheiro, junte-se a nós!".

> UM DOS MAIORES OBSTÁCULOS QUE SE ENFRENTA É O ORGULHO.

Uma vez, um de nossos líderes de louvor, Steve McPherson, estava no aeroporto e encontrou um homem que lhe disse que iria a nossa igreja naquela semana, que era um *grande* cantor e que seria fantástico em nossa equipe. Então, Steve, como devia, convidou-o para vir ao nosso ensaio de quarta-feira à noite para ele poder se apresentar com o coral. O homem levantou a mão e disse: "*Não*, você não entendeu, eu sou um cantor *muito ungido*". Steve disse: "Fantástico, venha e se apresente com o coral". O homem nunca mais apareceu, pois acho que não conseguia aceitar que nós não íamos "apresentar sua maravilhosa capacidade de cantar" naquele domingo!

Se como líderes de louvor estamos sempre voltados para o nosso talento em vez de sermos adoradores extravagantes do Deus Vivo, estamos com um problema grave.

É UMA NOVA ESTAÇÃO

Vejam, estou fazendo uma coisa nova! Ela já está surgindo! Vocês não a reconhecem? Até no deserto vou abrir um caminho e riachos no ermo (Is 43.19).

Acredito que você e eu, como pessoas de Deus na Terra, temos apenas um vislumbre do que está adiante de nós. É como se Deus tivesse aguçado nosso apetite por sua glória. A igreja espalhada por toda a Terra está começando a tomar seu lugar devido como a bela noiva de Cristo, e estamos vendo um crescimento como nunca tivemos antes. Em todo o mundo as pessoas estão-se tornando extravagantes na busca de Cristo. Estamos no limiar de algo poderoso!

Há uma geração de adoradores surgindo que conhece o espantoso poder da presença de Deus, uma geração que produzirá novamente uma nova canção. "Jesus, que nome belo" foi escrita por uma jovem de nossa igreja, Tanya Riches, de apenas dezesseis anos!! Contudo, sei que ainda não vimos os mais jovens. No futuro, ficaremos chocados com a idade das pessoas que escreverão os novos cânticos. Vamos ficar admirados com o caráter profundo de alguns de nossos jovens. Ficaremos perplexos com as palavras, a profecia. Temos de aprender a *esperar* essas coisas; a expectativa é o solo fértil dos milagres.

Se tiver coragem de perseverar, se tiver coragem de assumir o seu lugar, quem sabe, então, o que está logo ali na esquina? Eu sinto que a água está subindo. A maré espiritual está aumentando e estamos prestes a experimentar um poderoso abalo, como uma grande onda da glória de Deus, quando ela se derramar sobre nós. E vou lhe dizer uma coisa: se quiser essa onda, ela está aí. Estamos à beira de um milagre. Por isso estou incentivando-o a preparar-se. Seja uma grande pessoa. Para ser um adorador extravagante é preciso muita coragem.

Miriam Webster, líder de louvor de nossa igreja, é uma fantástica e ungida autora e cantora, consumida pelas coisas de Deus. Eu não conseguiria viver sem Miriam; ela é uma amiga muito querida. Uma vez ela me escreveu um e-mail para dizer que não ia poder dirigir o louvor naquela semana. Escreveu: "Estou muito chateada, mas essa semana não posso dirigir o louvor, subir no púlpito, cantar e ficar lá para a oferta. Volte aqui embaixo e use meu traje azul-marinho".

Eu ri bastante e nos divertimos muito no gabinete. Lembrei disso mais tarde e pensei: "Sabe de uma coisa, há gente por aí que vê o que fazemos em Hillsong e pensa exatamente dessa maneira". Que nós subimos no palco de uma forma determinada, ou usamos um certo tipo de traje e fazemos isso e aquilo. Para mim é complicado, porque jamais quis acabar representando isso. Nunca quis escrever a fórmula para ser um "líder de louvor bem-sucedido". *Extravagante* por Cristo, esse é o referencial de excelência, O.K.?

Num encontro que tivemos recentemente, tinha tanta gente que a igreja estava lotada e não havia nenhum outro culto nos 45 minutos seguintes. Então, meu pastor principal, Brian Houston, passou por nós e disse apenas: "Precisamos ter um culto – agora. Vocês têm doze minutos para o louvor". Acho que parei de ouvir o que ele dizia depois de "doze minutos". O que são doze minutos? Então, eu disse a Ian Fisher, um de nossos ministros de música: "Temos doze minutos. Doze minutos para tirar as pessoas do caos, pessoas de toda parte. 'Quero um lugar; aonde meu filho foi?' Doze minutos para tirar as pessoas disso, para ficarem conscientes da presença do Deus Todo-poderoso". Desse modo, Ian juntou a equipe e disse: "Doze minutos, certo? Vocês se prepararam para isso a vida toda. Agora, fiquem firmes no chamado de Deus; vamos sair e, em doze minutos, levaremos as pessoas à sala do trono de Deus, vamos lhes dar uma amostra do gosto do céu. Tudo bem?!". Ele infundiu fé em cada membro da equipe.

Oramos, subimos no palco e a igreja não soube o que a tocou. Era como se todo o céu achasse todos esses adoradores bons demais para ser verdade. Nos primeiros trinta segundos foi magnífico, foi glorioso, dava para sentir, dava para ver, era a presença de Deus. Ele acampou ali. Não consigo explicar o que aconteceu, mas em doze minutos a vida das pessoas sofreu uma guinada de 180 graus. E, em uma hora, tivemos o culto mais excelente. O louvor e a adoração não eram deste mundo. A palavra foi pregada, levantamos uma oferta, que faz parte da adoração do povo de Deus, tivemos um maravilhoso apelo e as pessoas foram embora. Na meia-hora seguinte chegou outra multidão e começamos novamente.

> HÁ UMA VISÍVEL DIFERENÇA ENTRE UM MÚSICO TALENTOSO E UM MÚSICO UNGIDO.

Quando não se tem a revelação a respeito do poder do louvor, da adoração e de viver como adorador, não se consegue fazer isso em doze minutos, pois não se pode apenas subir no palco e esperar que alguém vá adorar. Simplesmente não ocorre. Temos de guiar as pessoas. Temos de pegá-las pela mão e dizer: "Sei que as coisas estão difíceis por aí, mas deixe-me levá-la até a resposta para sua vida".

TALENTO VERSUS FIDELIDADE

Odeiem o mal, vocês que amam o Senhor, pois ele protege a vida dos seus fiéis e os livra das mãos dos ímpios (Sl 97.10).

Fidelidade não é uma palavra muito em moda no mundo de hoje. Mas eu e Mark temos visto que, quando praticada em qualquer setor de nossa vida, a fidelidade traz grande bênção. Trata-se de ser fiel à causa de Cristo. Fiel a seu amor. O talento não tem praticamente nada a ver com fidelidade. Nossos dons e talentos são dados por Deus. Apesar do mundo procurá-los como bens, estão muito embaixo na lista dos requisitos de Deus para qualificar alguém para viver uma vida de honra a Cristo, movida por um propósito e eficiente.

Segundo Crônicas 16.9 diz: "Pois os olhos do Senhor estão atentos sobre toda a terra para fortalecer aqueles que lhe dedicam totalmente o coração". Temos de nos lembrar continuamente da causa do Reino, a razão por que fazemos o que fazemos. Se você vê a igreja como um meio para utilizar seu talento, uma oportunidade, um mercado, um jeito das pessoas experimentarem o que você tem, um caminho para o sucesso, então está no lugar errado. A igreja não é um veículo para transmitir seus talentos e lançá-lo ao estrelato cristão.

Na equipe de louvor de nossa igreja somos muito francos com as pessoas a respeito disso. A igreja tem a ver com Deus e seu povo. Eu prefiro o homem ou a mulher de Deus ao talento. O homem e a mulher de Deus vêm em primeiro lugar. Há muita gente talentosa. Não é difícil encontrar essas pessoas, em todo lugar há pessoas talentosas. Queremos ver homens e mulheres de Deus inflamados com a causa de Cristo. Homens e mulheres que, quando tocam, fazem as pessoas ajoelharem-se por causa da paixão por Cristo. Há uma visível diferença entre um músico talentoso e um músico ungido. É muito fácil discernir se alguém está nessa função pela oportunidade ou se faz isso pela gloriosa presença de Deus. Lealdade e fidelidade são bens preciosos no que diz respeito a dirigir o louvor.

Como adoradores líderes, precisamos ser resolutos. Firmes, constantes, confiáveis e inamovíveis. Não removíveis, mas inamovíveis. Eu não vou a lugar nenhum. Conheço meu chamado na vida. Estou aqui firme e forte. Não vou ser jogada de um lado para outro pelas bobagens que a vida ou o inimigo lança sobre mim, mas serei alguém que permanece realmente no poder da Palavra de Deus.

ACEITE O DESAFIO DA LIDERANÇA

Infelizmente, tenho visto muitos cantores e músicos ficarem aquém de seu potencial porque não querem atingir na própria vida o nível de liderança que atrai as bênçãos de Deus. Durante um tempo, o favor de Deus cobre todo tipo de desgostos em nossa vida, mas deve haver um momento em que cada um de nós enfrenta esta situação: "Vou assumir a responsabilidade por minhas escolhas. Vou ser a pessoa que Jesus Cristo planejou que eu fosse quando me pôs na Terra". Essa decisão é sua. As pessoas podem lhe falar sobre ela, podem incentivar, motivar e edificá-lo, mas no fim a decisão é toda sua.

Quero desafiá-lo. Se você está em posição de liderança, as pessoas o veem como exemplo. Não lhes dê o exemplo musical. As pessoas não precisam de seu talento; apresente-lhes uma vida para seguir, uma vida que irradia a glória de Deus. Uma vida extravagante de um adorador extravagante. Alguém que se entregou totalmente ao Reino, não à própria programação. O povo de Deus, a igreja, uma companhia de pessoas totalmente entregues a Jesus Cristo, líderes na Terra.

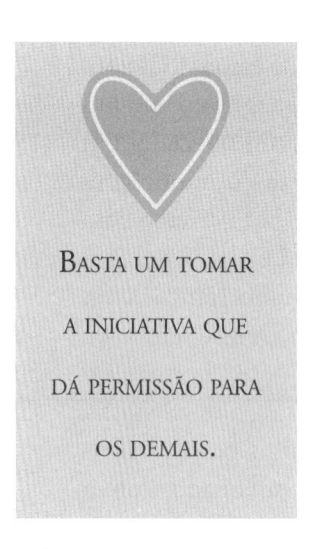

> BASTA UM TOMAR A INICIATIVA QUE DÁ PERMISSÃO PARA OS DEMAIS.

Seja extravagante no seu serviço a Deus, em sua expressão de amor e devoção a Ele. Se você for extravagante, as pessoas a sua volta também vão querer ser extravagantes. Basta um tomar a iniciativa que dá permissão para os demais.

Seja aquele que toma a iniciativa, não espere que ninguém faça isso. Lidere. Seja extravagante na sua expressão. Jamais quis que nossa equipe de louvor chegasse a ponto de ser excelente apenas pelo que fazemos. Isso é terrível. Quando temos pessoas que querem que o nome de Deus seja exaltado magnificamente por todas as esferas de influência possíveis é necessário empenho radical. Não dá para fazer isso apenas vivendo a vida e ficando tranquilo. Exige reação extravagante. Os adoradores entusiasmados são pessoas radicais.

Sempre tenho oportunidade de viajar e falar a equipes de música nas igrejas. Muitas equipes de louvor se esforçam muito tentando reunir pessoas especializadas. Querem ter um coral maior, depois um sistema de som melhor. Gostariam de ter músicos melhores. Quem sabe se os membros do coral usassem becas coloridas... (é brincadeira!). As equipes de louvor se esforçam muito para fazer tudo muito correto. São metas muito boas, e creia, *adoro* trazer excelência para a casa de Deus. Não se esqueça, porém, de verificar seus motivos e não caia na armadilha de adorar a adoração. Adore o Rei, procure a excelência porque o ama.

A promessa divina é que, quando Deus é exaltado, Ele atrai todos para si, para o seu glorioso ser. O Salmo 91.1 diz: "Aquele que habita no abrigo do Altíssimo e descansa à sombra do Todo-poderoso pode dizer ao Senhor: 'Tu és o meu refúgio e a minha fortaleza'". Se você acha que está sempre ficando vazio, sem energia, então precisa reagir e obedecer ao Espírito de Deus e *entrar em sua presença*. Na morada de Deus, na presença dele, encontram-se alegria e força. Se aprendi uma coisa, é esta: nunca houve intenção de que vivêssemos o chamado sobrenatural pela capacidade puramente natural.

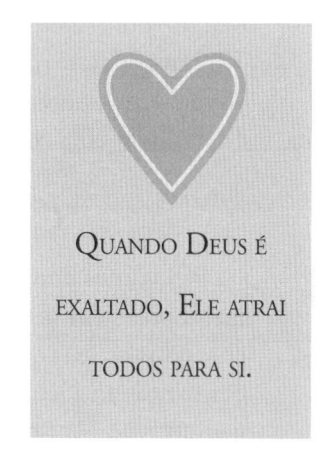

> QUANDO DEUS É EXALTADO, ELE ATRAI TODOS PARA SI.

É impossível. Mas se você crê na Palavra de Deus, viva na presença dele, viva uma vida de amor e responda à voz dele. Assim, enquanto viver, você crescerá no conhecimento de Cristo, sempre novo e forte na Palavra e vivendo uma vida cujo exemplo as pessoas desejam seguir.

Há um cântico muito bonito intitulado "De todo o coração", escrito por Babbie Mason. Toda vez que ouço essa canção lembro-me do motivo por que estou fazendo o que faço.

Esse cântico é muito bonito. Sempre levo o CD para ouvir no avião. Muitas vezes me sinto incompetente ouvindo a letra simples mas poderosa dessa música. Podemos ser muitíssimos talentosos, mas no final, esse cântico acaba sendo o clamor do nosso coração porque todo talento do mundo não é suficiente. Para realizar tudo que Deus pede que realizemos agora temos de ser discípulos dedicados, discípulos que vivem de fato essa vida longe do palco. Que aquilo que somos soe verdadeiro em nosso simples caminhar, não quando cantamos ou tocamos uma música.

Quero lhes falar do poder desta verdade simples:

Tudo que fazemos para Deus e obtemos por meio dele não passa de inutilidade se não estivermos profundamente enraizados nele.

Atos 17.28 diz: "Pois nele vivemos, nos movemos e existimos". Como, então, manter nosso coração nesse caminho, amando verdadeiramente a Deus e buscando-o acima de todas as coisas? Jeremias 17.9 nos adverte que "o coração é mais enganoso que qualquer outra coisa". Antes, porém, no versículo 7, a Bíblia nos garante que "bendito é o homem cuja confiança está no Senhor, cuja confiança *nele está*"!

Coração transparente

Precisamos aprender a confiar no Senhor de todo o coração e não nos "apoiar em nosso próprio entendimento". Reconheça o Senhor em todos os seus caminhos que Ele dirigirá seus passos. Persevere na confiança em Deus. Abrir o coração e expressar o amor e a devoção genuínos ao Senhor é mais fácil para alguns que para outros. Talvez

With all my heart

In this quiet place with You
I bow before your throne
I bare the deepest part of me
To You and You alone
I keep no secrets for there is no thought
You have not known
I bring my best and all the rest
To You and lay them down

With all my heart I want to love You Lord
And live my life each day to know You more
All that is in me is yours completely
I will serve You only with all my heart

You faithfully supply my needs
According to your plan
So help me Lord to seek your face
Before I seek your hand
And trust You what's best for me
When I don't undestand
Then follow in obedience
In every circumstance

De todo o coração

Tranquilo aqui contigo
Curvo-me diante de teu trono
Entrego meu mais profundo ser
A ti, somente a ti
Não guardo segredos, pois não há pensamento que
Não conheças
Trago meu melhor e mais um pouco
E a ti entrego

De todo o coração quero amar-te, Senhor
Viver minha vida para te conhecer mais a cada dia
Ofereço-te completamente tudo que há em mim
Servirei a ti somente, com todo meu coração

Tu és fiel e supre minhas necessidades
De acordo com teus planos
Ajuda-me, então, Senhor, a buscar tua face
Antes de buscar tuas mãos
E a confiar que tu sabes o que é melhor para mim
Quando eu não compreender,
Que eu continue obediente
Em qualquer circunstância

mágoas, ressentimentos ou decepções do passado ou o medo de ser desapontado impeçam seu coração de ser completamente transparente.

O Salmo 51 diz isso muito bem. Quando estamos na presença do Senhor, ficamos totalmente transparentes e sinceros. A alma clama: "Cria em mim um coração puro, ó Deus, e renova dentro de mim um espírito estável". Leia essa passagem na Bíblia Viva e você vai ser grandemente inspirado.

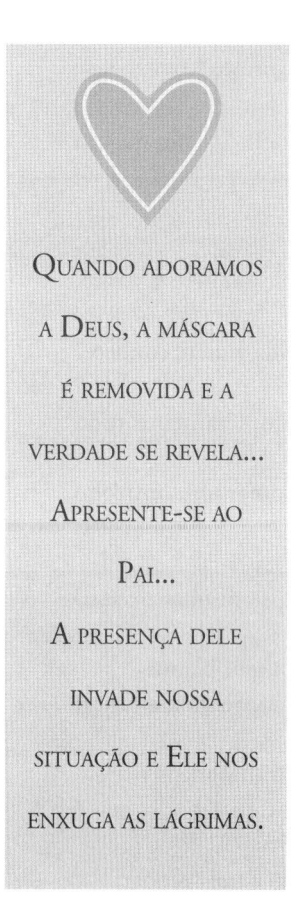

Lemos em Isaías 6 que, quando Isaías viu Deus, ficou comovido a ponto de confessar seu pecado. Quando nossa humanidade é confrontada com a majestade e a santidade de Deus, ficamos *muito* conscientes da necessidade da graça divina e de seu poder purificador em nossa vida. Se você não consegue perdoar, está irado, tem inveja, ciúme ou amargura, peça a Deus que lhe perdoe. Romanos 12.1 nos ensina a viver essa vida de adoração e amor:

Portanto, irmãos, rogo-lhes pelas misericórdias de Deus que se ofereçam em sacrifício vivo, santo e agradável a Deus; este é o culto racional de vocês.

Quando adoramos a Deus, o Espírito Santo começa a remover as várias camadas em volta de nosso coração; todas as barreiras de proteção que colocamos em torno dele. O Espírito Santo as remove com suavidade e expõe o que existe de fato dentro do coração. É surpreendente que isso ocorra na adoração! Pode ser que você não queira expor seu coração. Talvez essa ideia o amedronte. Mas nosso Deus é um Deus fiel e amoroso. Ele quer remover suas camadas de proteção para restaurá-lo. Não para humilhar ou magoá-lo, mas para lhe dar novo vigor. Quer fazer isso para que você seja pleno e, nessa plenitude, seja tudo o que lhe pediu que fosse. Portanto, entre na

> QUANDO ADORAMOS A DEUS, A MÁSCARA É REMOVIDA E A VERDADE SE REVELA... APRESENTE-SE AO PAI... A PRESENÇA DELE INVADE NOSSA SITUAÇÃO E ELE NOS ENXUGA AS LÁGRIMAS.

presença de Deus e deixe que Ele, não as pessoas a sua volta, comece a trabalhar no seu coração.

[O justo] não temerá más notícias; seu coração está firme, confiante no Senhor. O seu coração está seguro e nada temerá (Sl 112.7, 8).

Em Mateus 22.37, 38, Jesus diz isso como ninguém quando nos mostra o alicerce da *vida*:

"Amarás o Senhor teu Deus de todo o teu coração, de toda a tua alma e de todo o teu entendimento". Este é o primeiro e maior mandamento. O cântico do coração é o cântico que ecoará no céu.

Que equipe é essa que tem a ousadia de se levantar e pensar: "Senhor, queremos ser seus representantes na Terra"? Que equipe é essa? Eis um vislumbre do que eu vejo que somos: um grupo de pessoas que faz História (obrigada ao "Delirious" por lembrar de nós na canção do mandamento de Fazer História...).

Músicos

... que continuam escrevendo melodias que despertam o coração das pessoas para contemplar o céu e seus privilégios. Para comover a alma da humanidade toda vez que tocam e profetizam.

Vocalistas

... que inspiram a igreja e os não-salvos a cantar cânticos de salvação, ministrando na presença do Senhor, superando os limites da técnica e do talento. Vocalistas que cantam literalmente as melodias que Deus canta fazendo os anjos se levantarem e prestarem atenção.

Dançarinos

... que vivem a dança e dão emoção e dimensão maior à música para devolver a vida à alma morta e cansada.

Equipes de produção

... que jamais perdem um momento com Deus, que sabem aprimorar a arte, a música e o movimento. Para criar imagens eloquentes que jamais imaginamos fossem possíveis.

Atores

... que sabem se relacionar com a congregação, com as multidões nas ruas, com adultos e crianças, fazendo-os sorrir e perguntando constantemente: "Você conhece Jesus?".

Grupos de criação

... com o sonho de excelência, fé num Deus inabalável e a revelação de poder. Pessoas dotadas de convicção e compaixão pela humanidade perdida.

Uma equipe

... em que cada membro abrirá mão da própria vida para que outros encontrem vida, e vida em toda sua plenitude.

Capítulo 5

A EQUIPE DE LOUVOR E ADORAÇÃO... O QUE É REALMENTE IMPORTANTE?

Completem a minha alegria, tendo o mesmo modo de pensar, o mesmo amor, um só espírito e uma só atitude (Fp 2.2).

Na noite em que gravamos o álbum "You are my world", dei uma olhada a minha volta e mais uma vez vi concretizado o potencial de uma equipe poderosa. Todos lá, trabalhando juntos na direção de um objetivo comum. As lágrimas escorreram-me pelo rosto quando vi aquelas pessoas, todas firmes como testemunhas poderosas da graça de Deus. Fechei os olhos e agradeci a Deus do fundo do coração por Ele ter-me colocado nesse grupo, pois amo imensamente cada um de seus integrantes.

Acredito que alguns traços de personalidade simbolizam essa equipe que tem a ousadia de promover e representar o Salvador e Rei. Quando observamos os apóstolos, vemos que Jesus escolheu um grupo de pessoas bem imperfeitas para acompanhá-lo e divulgar o Evangelho até os confins da Terra. Mas todos (a maioria) amavam Jesus mais que a própria vida, e esse é o desafio que estou propondo a vocês.

Conhecer a Cristo é importante

Neste momento talvez você esteja dizendo "isso é o básico", mas quando descobrimos o que fazemos, comparando com quem Ele é, isso não é óbvio. É necessário. Precisamos constantemente voltar e consultar a lista original a fim de compreender a soberania de Deus em nossa vida. Veja a vida de Jó. Que história ele tinha para contar!! Contudo, em Jó 19.35, ele diz: "Eu sei que o meu Redentor vive". Amém! Sei que meu Redentor vive.

Você sabe disso? Se não fosse por Jesus Cristo, onde você estaria agora? Você precisa ter conhecimento disso antes de trazer sua oferta à mesa. Conheça a Deus. Confie nele. Saiba que Ele vive e que seu amor por nós é maior até que "nosso" amor por nós mesmos.

Seu testemunho é importante

O que você traz à mesa é abastecido por seu testemunho, e devo dizer-lhe que é importante. Minha vida é testemunho da graça de Deus. Deus é tudo para mim. Ele fez tantos milagres em minha vida que eu poderia ficar lhe contando histórias durante meses. O inimigo me dizia que eu não era nada, era uma "perdedora", mas Deus me recuperou e disse-me que eu era "vencedora", filha de Deus, uma grande mulher de Deus. Deixe-me dizer-lhe uma coisa: seu testemunho acrescenta paixão a seu talento. Você vai tocar como jamais tocou antes. Vai representar na dramatização pública procurando comunicar-se com as pessoas não-salvas de uma maneira que jamais fez antes. Você terá uma convicção poderosa pelo que Deus fez em você. Seu testemunho conta muito.

Eu canto e observo as consequências. Vivo sob a autoridade do que Cristo fez e morro diariamente por isso. Por nenhuma outra razão. Quero ver seu nome exaltado, engrandecido. Quero ver Deus ficar famoso em todo o planeta. Porque Ele está vivo agora tenho vida verdadeira. Vivo debaixo do "Beijo do Céu". Escrevi isso numa nova canção, porque acho que estamos envolvidos no estalo de um beijo. Vivemos nesse estalo, debaixo do beijo do céu. Deus está beijando seu povo e dizendo: "Vá em frente".

Excelência é importante

Servimos com excelência porque conhecemos um Deus excelente e dar-lhe menos do que o melhor de nós seria vergonhoso. Ofereça a Deus o que você tem de melhor, não importa em que fase esteja o seu melhor. Não o que você quer que o seu melhor venha a ser, mas o seu melhor *hoje*. O testemunho e a influência de servir com excelência é como a propagação das ondas no oceano: ele emite ondas que tocam vidas de maneiras que nunca veremos.

Cantem-lhe uma nova canção; **toquem com habilidade** *ao aclamá-lo* (Sl 33.3).

Gosto de ver os não-salvos entrarem na igreja e dizerem: "Vocês são sérios? Isso é igreja? É fantástico!!".

Opiniões incorretas do que é igreja, ou lembranças de como a igreja era, manteve quase uma geração inteira fora da casa de Deus. Somos a geração que vai mudar isso e trazer excelência, criatividade e reverência de volta à igreja.

A excelência está nos detalhes. O público pode fazer coisas bem feitas, mas os filhos do Deus Vivo devem ser capazes de dar o "extraordinário" em tudo que fazem. Excelência significa eliminar do nosso vocabulário expressões como "isso basta" e "quase bom está bom". Essa mentalidade jamais traz nada de excelente para a mesa. Excelência significa *disciplina*. No seu pensamento, nos seus ensaios, no seu planejamento pessoal em cumprir a sua palavra.

O serviço é importante

Em Deuteronômio 10.12, 13 lemos: "E agora, ó Israel, que é que o Senhor, o seu Deus, lhe pede, senão que tema o Senhor, o seu Deus, que ande em todos os seus caminhos, que o ame e que sirva ao Senhor, o seu Deus, de todo o seu coração e de toda a sua alma, e que obedeça aos mandamentos e aos decretos do Senhor, que hoje lhe dou para o seu próprio bem?". Como adorador extravagante, seja alguém dedicado ao serviço. Fora do Reino, a música e as artes são um mundo exclusivo. Um mundo para os poucos escolhidos, para pessoas que passaram em todos os testes, para gente altamente qualificada, para os melhores, ou para uma pequena porcentagem que "consegue uma chance"!

O Reino de Deus é o único lugar inclusivo. Recebe a todos e diz: "Você se enquadra". Você se enquadra e faz parte. Faz parte dele, do Reino de Deus. Quantos músicos se sentam no quarto noite após noite, com o violão em punho, talvez tocando muito bem e desejando serem ouvidos por mais alguém além deles mesmos?

É preciso ser dedicado ao serviço de Deus. Vocês, músicos altamente qualificados, ouçam: ser dedicado no serviço do Rei produz uma alegria que não se encontra fora do propósito de Deus. Fora do propósito de Deus pode-se encontrar dinheiro, muito dinheiro, mas no Reino, quando se trabalha a serviço do Rei, a alegria acompanha.

Todo mês de julho realizamos o Congresso Hillsong. Milhares de pessoas vêm de todas as partes do mundo para se preparar em todas as áreas de liderança. O congresso é voltado para preparar pessoas e defender a causa da igreja local. Tenho orgulho só de pensar nisso!

Quando eu e Mark nos sentamos para ler os formulários de respostas do congresso, a maioria esmagadora das pessoas não comenta que a música, as canções ou a pregação estava maravilhosa. Ninguém comenta dos líderes do louvor, do coral, nada disso. A maioria das pessoas se surpreende e se agrada com o nível de compromisso da equipe, a alegria e o fruto do serviço dedicado. Isso diz respeito à pessoa que fica no estacionamento, na chuva, para ajudar as outras a entrarem rápido na reunião; ao jovem seminarista que trabalha voluntariamente dezesseis horas por dia durante uma semana para que as pessoas venham ao congresso e sejam abençoadas; à jovem que desiste de assistir ao congresso e passa a semana inteira trabalhando no berçário para que outras possam receber os serviços. Essas pessoas não fazem isso porque têm de fazer, mas por causa do compromisso com o serviço.

A UNIDADE É IMPORTANTE

A união não só é importante, mas também é essencial. Tenha revelação da unidade, ela é absolutamente essencial. Em João 17.20, lemos a oração de Jesus por todos os crentes. É Jesus orando, por isso é melhor ouvirmos:

"Minha oração não é apenas por eles. Rogo também por aqueles que crerão em mim, por meio da mensagem deles, para que todos sejam um, Pai, como tu estás em mim e eu em ti. Que eles também estejam em nós, para que o mundo creia que tu me enviaste. Dei-lhes a glória que me deste, para que eles sejam um, assim como nós somos um: eu neles e tu em mim. Que eles sejam levados à plena unidade,
(prestem atenção aqui)
para que o mundo saiba que tu me enviaste, e os amaste como igualmente me amaste."

A unidade é sobrenatural. Essa é a sua passagem e você precisa entrar no espírito dela para que o mundo saiba. *Para que o mundo o conheça.*

Como é bom e agradável quando os irmãos convivem em união! (Sl 133.1).

O Deus que concede perseverança e ânimo lhes dê um espírito de unidade, segundo Cristo Jesus, para que com um só coração e uma só boca vocês glorifiquem ao Deus e Pai de nosso Senhor Jesus Cristo (Rm 15.5, 6).

Deus ama a unidade. Que testemunho glorioso da bondade de Deus quando seus adoradores riem, oram, vivem e ministram juntos. Isso é raro e precioso. Deus diz que, se *vivermos* em união, Ele envia *bênçãos*. Ficar unidos é uma decisão que *todos* nós temos de tomar continuamente. Lute por isso. Faça o que for preciso para ter união porque Deus a abençoa e recompensa a unidade dos irmãos. Ele a exige. Colossenses 3.13, 14 ordena: "Perdoem como o Senhor lhes perdoou. Acima de tudo, porém, *revistam-se do amor, que é o elo perfeito*".

Parte de Efésios 4.14 diz: "Para que não sejamos mais crianças". Você sabia que não pode haver unidade sem maturidade? Deus, com

> FICAR UNIDOS É UMA DECISÃO QUE TODOS NÓS TEMOS DE TOMAR CONTINUAMENTE.

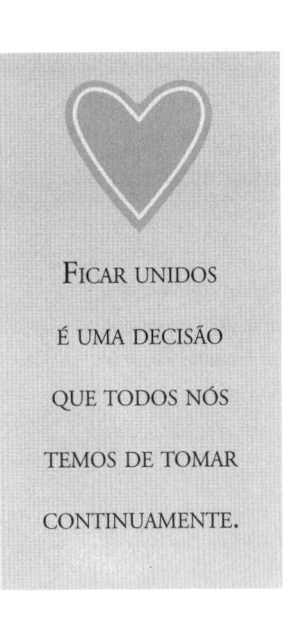

efeito, abençoa a unidade, e ela não pode acontecer sem crescimento. A Palavra diz que não podemos mais ser bebês, e isso é responsabilidade nossa. Você pode orar por unidade quanto quiser. Pode frequentar reunião de oração e orar por unidade, o que é excelente. Mas, se não se esforçar verdadeiramente e não for radical a esse respeito, não conseguirá nada.

Comprometa-se com a unidade e a reconciliação no grupo. Não deixe lugar para nenhuma dúvida. Não deixe nenhum espaço para nenhuma rachadura na porta. Comprometa-se com ela e faça tudo o que tiver de fazer para obtê-la. Faça o que for preciso. Entregue a vida. Perca sua vida para que outros tenham vida. Faça o que for preciso. Deus honra esse compromisso.

Efésios 4.3 diz: "Façam todo o esforço para conservar a unidade do Espírito pelo vínculo da paz. Há um só corpo e um só Espírito – assim como vocês foram chamados numa só esperança". Fazer todo esforço significa que temos de realmente fazer algo. Se vocês estão orando por unidade, mas ainda estão apegados a tolices, companheiros, a igreja nunca será o principal. Temos de nos envolver com nossa comunidade e dizer: "Temos algo para cantar, temos algo por que viver, nosso Deus é um Deus tremendo e mandou que 'convivêssemos' com todas essas pessoas de diferentes origens. E nos amamos verdadeiramente e estamos comprometidos uns com os outros. Isso é um testemunho excelente!". A unidade não surge por acaso, não vem sem esforço, não acontece sem que se morra para si mesmo todos os dias. Às vezes é difícil, mas vale muito a pena. É tempo de *crescer*!

AMIZADE É IMPORTANTE

Amizade genuína. Amizade que leva um golpe por um amigo, mesmo quando for em seu prejuízo. O amigo dá a vida por outro amigo. Esse é o tipo sério de amizade de que a Bíblia fala. Em Lucas 22, lemos sobre a refeição da Páscoa quando Jesus reuniu os discípulos para sua última ceia e disse: "Desejei ansiosamente comer esta Páscoa com vocês". Eu estava ansioso para estar com vocês. Digo sinceramente do meu íntimo, desejo ansiosamente ficar com as pessoas de nossa equipe de louvor. Porque Deus não apenas nos chamou para tocar juntos, mas também nos chamou para ser ministros de sua santa Palavra juntos.

Isso requereu escolha e exigiu compromisso real. Imagine ter dez ou vinte pessoas numa equipe de louvor, todas criativas, apaixonadas e cheias de emoção e Deus dizer: "Vou usar todas as suas forças e todas as suas fraquezas e vou fazê-los trabalhar em grupo para ministrar em meus átrios e trazer as pessoas a mim". Puxa! Que enorme chamado! Mas servir a Deus com meus amigos talvez seja um dos bônus secretos que jamais esperei encontrar nessa jornada de descoberta até hoje.

Generosidade extrema é importante

Estava lendo na Bíblia sobre os sábios que foram a Belém adorar o Rei. É uma bela narrativa de adoração, pois esses homens valentes viajaram muitos quilômetros, trazendo cada um seu "tesouro particular" e depositando diante do Salvador do mundo.

Quando viram o menino, encheram-se de alegria e prostraram-se em adoração. Abriram o que trouxeram e deram os presentes pois sentiram grande amor pelo Rei. Seus presentes eram ouro, incenso e mirra. Eram generosos e estavam reverentes porque o Rei havia nascido. Mateus 6.21 diz: "Pois onde estiver o seu tesouro, aí também estará o seu coração". Seu tesouro é aquilo que você guarda mais intimamente. Aqueles homens estavam tão gratos que abriram seu tesouro particular e deram dele. Quando os sábios foram embora, jamais se esqueceram do dia em que seu Salvador nasceu. Quando estava lendo essa história, quase consegui ver todo o céu sorrindo enquanto os anjos cantavam "Aleluia". O relato

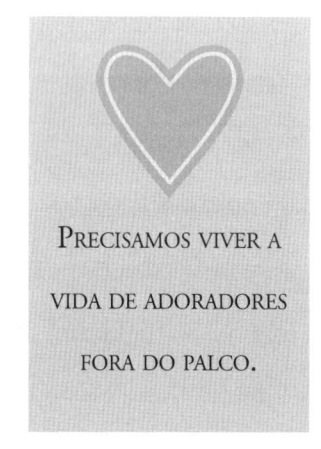

> Precisamos viver a vida de adoradores fora do palco.

da viagem desses homens e de seus presentes preciosos foi contado para sempre para toda a humanidade.

Sejam generosos no amor uns para com os outros. Qual foi a última vez que você escreveu um cartão para alguém que tem feito coisas importantes "despercebidas" ou até coisas importantes "visíveis"? Não custa muito caro.

Quando foi a última vez que você surpreendeu alguém com um gesto de gentileza não planejado? Precisamos viver a vida de adoradores fora do palco. Ser generosos, pessoas de coração generoso.

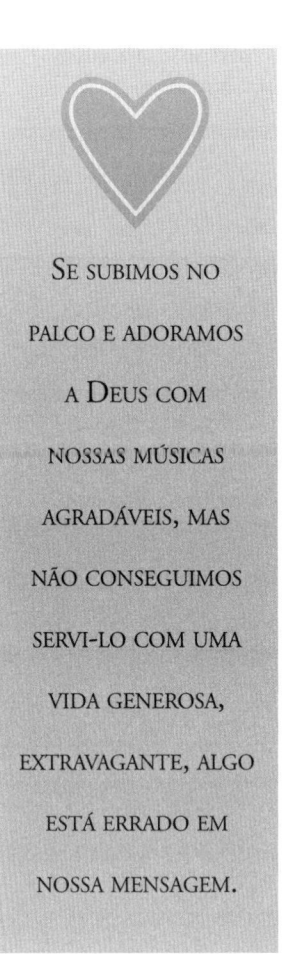

Procure meios de sair de seu casulo, de sua comodidade, para ser generoso. Faça algo que abençoe realmente alguém, algo que lhe custe um preço. Como, por exemplo, alguns centavos para enviar uma carta. Não estou falando de um milhão de reais. Se subimos no palco e adoramos a Deus com nossas músicas agradáveis, mas não conseguimos servi-lo com uma vida generosa, extravagante, algo está errado em nossa mensagem.

> SE SUBIMOS NO PALCO E ADORAMOS A DEUS COM NOSSAS MÚSICAS AGRADÁVEIS, MAS NÃO CONSEGUIMOS SERVI-LO COM UMA VIDA GENEROSA, EXTRAVAGANTE, ALGO ESTÁ ERRADO EM NOSSA MENSAGEM.

Seja generoso em sua adoração. Provérbios 11.25 diz: "O generoso prosperará" e Provérbios 22.9 diz: "Quem é generoso será abençoado". Não estou falando apenas de dinheiro. Estou falando de quem você é. Acredito que, se ousamos nos levantar e nos chamar de adoradores extravagantes, devemos ser líderes em tudo, não apenas na música. Ser generoso é uma chave real. Abre as janelas do céu sobre nossa vida. Entretanto, temos de fazer isso com o coração desinteressado nos ganhos, porque amamos a Deus mais que nossa vida. Marcos 8.35 diz: "Pois quem quiser salvar a sua vida, a perderá, mas quem perder a vida por minha causa e pelo evangelho a salvará".

Disciplina e determinação são importantes

Não se deixe governar pelos sentimentos. Como pessoas "criativas", somos o departamento *"sentimentos"*. Isso pode ser a nossa melhor ou nossa pior característica. Os sentimentos o fazem brilhante e podem matá-lo se você não o dominar. Isaías 50.5-7 diz:

> *O Soberano, o Senhor, abriu os meus ouvidos, e eu não tenho sido rebelde; eu não me afastei. Ofereci minhas costas àqueles que me batiam, meu rosto àqueles que arrancavam minha barba; não escondi a face da zombaria e dos cuspes. Porque o Senhor, o Soberano, me ajuda, não serei constrangido. Por isso eu me opus firme como uma dura rocha, e sei que não ficarei decepcionado.*

Gosto muito desse texto porque ele mostra determinação. *Nada* me abalará, *nada* me demoverá, *nada* me fará recuar. É preciso ser *determinado* para agarrar-se a Deus e pedir um milagre, porque Ele está *mais* ansioso por isso que você! Precisamos de determinação para levar a cabo nossa missão. Como parte de uma equipe de louvor, não estamos num "show", nem em nenhum "espetáculo". Estamos numa missão celestial. Ser determinado para ver os propósitos de Deus se realizarem exige resposta de nosso glorioso Deus.

Discipline sua mente. Ela afeta o que você fala e afeta sua atitude com relação à excelência. Afeta sua atitude e ponto. Adoro a história do livro de Daniel em que Sadraque, Mesaque e Abednego estão na fornalha ardente e *sabem* que o seu Deus virá salvá-los. Então, no meio do fogo (enorme prova), eles disseram: "Não vamos nos curvar, adoramos somente a Deus. Pode lançar-nos no fogo, pôr-nos na masmorra, pode fazer o que quiser, que vamos louvar apenas a nosso Deus. Porque somos tementes e fomos criados de forma maravilhosa, nos alegramos sempre somente no Senhor, e continuaremos a bendizer o seu nome em todo tempo. Seu louvor estará continuamente em nossos lábios".

Mas há o fator determinação. Os três dizem: "Mesmo se Deus não nos livrar, ainda assim não nos curvaremos diante de seus deuses, porque *conhecemos* o nosso Deus". É necessário esse tipo de determinação, esse tipo de disciplina, para cumprir o chamado de Deus para nossa vida quando às vezes parece que não há nada adiante de nós. Nesse vale de desânimo e desespero é preciso conhecer a Deus e dizer: "Mesmo em meio a isso tudo, não vou me curvar. Conheço meu Deus e conheço seu amor por mim. Por isso, se estou no vale, ó Senhor, deixe-me aprender, deixe-me aprender rápido". Faça a lição e faça rápido. Aprenda a lição rápido senão ela voltará até que você aprenda. Aprenda rápido para podermos levantar novamente com determinação, com aquela chama interior que nos faz dizer: "Vou bendizer o Senhor em todo tempo, em todo tempo e de todas as maneiras".

Seja o que for que você trouxer para a mesa, ponha essa determinação sobre seu talento. A disciplina de que você vai bendizer o Senhor aconteça o que acontecer. Conheça o seu Deus e saiba que Ele é fiel. Saiba que Ele supervisiona o chamado dele para sua vida para cumprir a obra dele. Não se preocupe. Sirva e seja feliz.

Apenas para homens

Homens, deixem-me falar com vocês um minuto. No mundo das artes há muitos homens que não agem como homens. Fora do Reino, o mundo artístico pode dar licença aos homens para serem efeminados, para serem tudo menos homem. Eles têm uma desculpa para deixar que sua delicadeza seja confundida com fraqueza. Acredito que dentro da casa do Rei serão homens confiantes em sua masculinidade. Adoradores extravagantes que sabem ser amantes de Deus e uma coluna de força. Compreendam, homens, vocês foram criados à imagem de Deus (eu não diria isso se não fosse necessário, eu os amo).

Unidade, excelência, determinação, serviço, tudo que é importante *reflete uma atitude excepcional.*

Não tenha medo da disciplina. Disciplina na mente, que é pensar corretamente; e disciplina na prática, que é viver corretamente. Provérbios 10.17 diz: "Quem acolhe a disciplina mostra o caminho da vida". Provérbios 1.7 mostra: "... mas os insensatos desprezam a sabedoria e a disciplina". Está bem claro. Provérbios 13.18 fala: "Quem despreza a disciplina cai na pobreza e na vergonha, mas quem acolhe a repreensão recebe tratamento honroso". Não tema a disciplina. Eu o desafio. Se estiver desfrutando um período de prazer e sucesso, não ouse perder de vista a disciplina e a fidelidade que lhe permitiram chegar aí.

Tenho desafiado minha equipe ultimamente com relação ao sucesso. De muitas formas ele é nosso maior inimigo. É isso que ele é. O sucesso pode dar a falsa ideia de quanto somos bons. Significa confiar no impulso em vez de continuar fazendo as pequenas coisas que nos permitiram trilhar esse caminho no início. Desafio vocês a não desistir de fazer aquilo que lhes deu o privilégio de ter influência, seja o que for, pequeno ou grande.

Depois de alguns anos liderando o louvor em nossa igreja, troquei de professores de canto apenas porque fiquei sabendo que uma outra mulher era a melhor que havia. Soube que ela era fantástica e fiquei muito empolgada com minha primeira lição. Preparei uma canção para lhe mostrar o que eu conseguia fazer, sentei-me ao piano e comecei a tocar e cantar "Let it be", dos Beatles. Quando terminei estava tudo em silêncio, por isso, dei meia-volta e esperei. Eu estava muito ansiosa para ouvir os comentários dela e achava que tinha ido bem. Estava esperando com ansiedade algumas dicas que ela fosse me dar.

Imagine meu constrangimento quando ela bateu a tampa do piano e disse: "É a maior #@$#@ (palavrão) que já ouvi". Depois continuou dizendo: "Você é cantora de igreja, não é? Teve um exército de pessoas incentivando-a durante anos e parou de exercitar seu talento". Foi um dia horrível, mas aceitei a lição. Ela estava certa. No ambiente de incentivo e estímulo da igreja é muito fácil experimentar um pouco de sucesso e criar a falsa ideia de que somos realmente bons. Como se fosse pouco, para piorar, essa professora me levou depois a um simpósio vocal para mostrar às pessoas como *não* se canta.

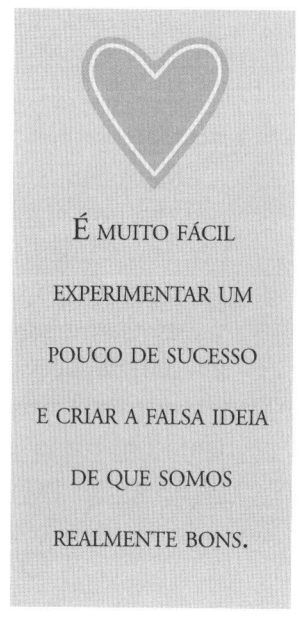

> É MUITO FÁCIL EXPERIMENTAR UM POUCO DE SUCESSO E CRIAR A FALSA IDEIA DE QUE SOMOS REALMENTE BONS.

O sucesso pode nos deixar negligentes e relaxados, pode nos deixar arrogantes e convencidos de que "tudo vai dar certo". Sabe como é, "não se preocupe com o ensaio, a adoração vai ser excelente". Não, não vai ser se você não trouxer fé, se não fizer diferente do culto anterior, se não souber as músicas! Não dê como líquido e certo. Só os tolos desprezam a sabedoria e a disciplina. Preste atenção nos detalhes, mantenha sua chama interior ardendo, a atitude de "seja o que for". O que o motivava dez anos atrás? Às vezes é preciso voltar atrás até aquele chamado de Deus que o deixou maluco. O chamado de Deus de que não conseguiu fugir. Não tenha medo da disciplina e da fidelidade, pois podem ser suas melhores amigas.

O poder e as armadilhas do sucesso

Não deixe de falar as palavras deste Livro da Lei e de meditar nelas de dia e de noite, para que você cumpra fielmente tudo o que nele está escrito. Só então os seus caminhos prosperarão e você será bem-sucedido (Js 1.8).

Todos têm o desejo de ser bem-sucedidos, realizar os propósitos de Deus para sua vida. Muita gente, porém, provou o sucesso e ainda permanece insatisfeito. Por quê? A busca do sucesso meramente pelo sucesso é um poço vazio. Ninguém jamais se satisfaz. A imagem de sucesso do mundo é tão sedutora: dinheiro, fama, glória. Todavia, a imagem de sucesso de Deus é a de um servo, morto para si mesmo e vivo para Cristo. Acredito que o sucesso pode ser um manancial tanto negativo quanto positivo. Cabe a você escolher que "estrada" de sucesso vai percorrer.

O sucesso gera impulso

O impulso pode ser seu melhor amigo, é como o sopro divino fazendo que um dia seja mais valioso e mais compensador que mil. Com a força propulsora a seu favor, parece que o futuro é brilhante, os obstáculos são pequenos e os problemas passageiros. O impulso na verdade o faz parecer melhor do você é.

Mas... pode ser que você abuse do impulso se parar de procurar na mina de ouro que lhe deu esse impulso no início – o básico, os valores essenciais. Ele pode lhe dar a falsa ideia de segurança. "Eu sou fantástico, nós somos fantásticos, conseguimos fazer!" Mas a que custo? Sem saber, abusamos do privilégio e perdemos de vista o chamado mais nobre.

O sucesso atrai o foco

Quando alguém está em foco, cria a ideia de destino e propósito e começa a acreditar em si mesmo. De repente, o destino é atingível, o foco se estreita e você cria aquela determinação "férrea" na alma. Formidável!

Se não concentrarmos o foco na coisa certa vamos ter problemas. Existe a tentação de se concentrar no talento, não no doador do talento. Isso provoca comparação, competição, descontentamento, cobiça e inveja. Argh! Nem pense nisso! Se desviarmos os olhos do prêmio, concentramos nosso esforço no interior em vez de trazê-lo para fora. E isso, meu amigo, é um terreno perigoso. Concentre-se no Senhor e não apenas nos benefícios que Ele concede.

Com o sucesso vem a influência

Que honra fabulosa é ter influência! Deus, por sua incrível graça, nos deu o privilégio de influenciar e provocar mudança na vida das pessoas. Fazer parte da edificação do Reino de Deus é muito emocionante!

Podemos facilmente abusar da influência quando a utilizamos em causa própria para obter mais influência. Você já observou quantas pessoas fizeram parte de equipes de ministério excelentes, mas de repente começaram achar que tudo se devia a elas mesmas e que a equipe as encobria?

Esse pensamento faz que as pessoas se desviem da verdadeira origem da influência que obtiveram no início. Muitos anseiam por influência e fama, mas não estão preparados para pagar o preço, nem para assumir a responsabilidade que caminha lado a lado com elas.

É preciso ter coragem para ter influência. Muitas e muitas pessoas, a multidão, ficam paradas e quietas porque não querem ser vistas. Não querem ser notadas e não querem pôr a cabeça para fora porque junto com a influência também vem muita responsabilidade. É preciso ser alguém que não faça parte da multidão, alguém que se destaque nela.

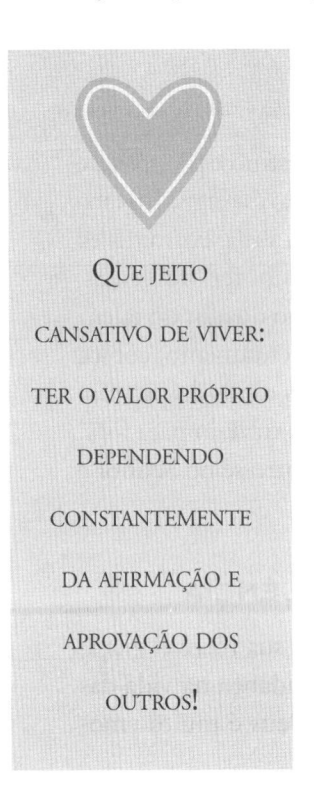

Qualquer influência que eu tenha deve-se somente a Deus que a colocou em minhas mãos. Ele não estava procurando alguém com talento impressionante, queria apenas alguém que fosse obediente.

Eu apenas amo o Rei. Quero amá-lo mais que à minha vida. Mais que a própria vida. É preciso ser corajoso para ter influência. É por isso que Deus usa apenas pessoas comuns como eu e você.

> Que jeito cansativo de viver: ter o valor próprio dependendo constantemente da afirmação e aprovação dos outros!

O sucesso exerce atração

Semelhante atrai semelhante. Quando andamos bem pelo caminho do sucesso, atraímos para nós pessoas com sentimentos semelhantes aos nossos, o que forma parceiros poderosos. Fazer parte de uma equipe que trabalha unida, em conjunto, é muito bom; é algo que valorizo e jamais subestimo. Uma igreja adoradora atrai pessoas adoradoras.

Entretanto, se você tiver necessidade de fazer sucesso para poder "ser visto", isso também atrairá pessoas com sentimento semelhante. Que jeito cansativo de viver: ter o valor próprio dependendo constantemente da afirmação e da aprovação dos outros, e a jornada de sucesso reduzida à autossatisfação!

I will bless You Lord

I trust in You, my faithful Lord
How perfect is Your love
You answer me before I call
My hope my strength my song

And I shout for joy
I thank You Lord
Your plan stands firm forever
And Your praise will be continually
Pouring from my heart

I will bless You Lord
I will bless You Lord
How my soul cries out
For You my God
I will bless You Lord

Eu te bendirei, Senhor

Confio em ti, meu Senhor fiel
Quão perfeito é teu amor
Tu me respondes antes de eu chamar-te
Minha esperança, minha força e minha canção

Grito de alegria
Te agradeço, Senhor
Teu plano permanece firme para sempre
Do meu coração, continuamente jorra o teu louvor

Te bendirei, Senhor
Te bendirei, Senhor
Minha alma clama por ti,
Meu Deus
Eu te bendirei

É POSSÍVEL CAMINHAR BEM PELA ESTRADA DO SUCESSO

Compreenda que o sucesso no Reino está relacionado com a edificação da vida de outras pessoas. Entenda a finalidade de sua vida. Nosso foco se encontra em Josué 1.8: "Não deixe de falar as palavras deste Livro da Lei [a Palavra de Deus] e de meditar nelas de dia e de noite". Seja fiel. Fiel. Seja fiel nas coisas pequenas. Fiel naquilo que não se vê. Acima de tudo, tenha o coração ansioso para ver os propósitos de Deus realizados e vidas que glorifiquem ao Senhor.

Como adoradores extravagantes que têm a coragem de perseverar e representar o Salvador e Rei, não podemos recuar. Não podemos deixar que um de nossos maiores inimigos, o sucesso, nos amarre, estrangule e nos faça recuar.

Capítulo 6

O QUE SE PODE LEVAR PARA O PALCO

Um dia, quando ele estava ensinando, achavam-se ali sentados fariseus e doutores da lei, que tinham vindo de todas as aldeias da Galileia e da Judeia, e de Jerusalém; e o poder do Senhor estava com ele para curar. E eis que uns homens, trazendo num leito um paralítico, procuravam introduzi-lo e pô-lo diante dele. Mas, não achando por onde o pudessem introduzir por causa da multidão, subiram ao eirado e, por entre as telhas, o baixaram com o leito, para o meio de todos, diante de Jesus (Lc 5.17-19).

Gosto muito dessa história. Os amigos desceram o paralítico pelo telhado, bem em frente a Jesus. Isso é muito radical. Quando Jesus viu a fé desses homens, disse: "Homem, os seus pecados estão perdoados".

Fé e esperança

A primeira coisa que se pode levar para o palco é fé e esperança. Jesus gosta quando apresentamos fé. Ele viu a fé daqueles homens e disse: "Seus pecados estão perdoados". Se você vem reclamando e resmungando a caminho da igreja no domingo de manhã, se faz parte da equipe de louvor e às vezes não se preocupa em chegar na hora para o ensaio ou chega com péssima atitude, pergunte-se: "Que tipo de fé e que tipo de esperança estou apresentando? Com que estou contribuindo para o culto?". Se você traz falta de fé, se perde tempo na esperança de que alguém já "fez isso", se não espera nada, então sua expectativa se realizará. Mas, se trouxer sua fé, Jesus comparece.

> Jesus viu a fé daqueles homens e disse: "Seus pecados estão perdoados".

Quando começo a pensar no que Jesus fez em minha vida fico cheia de fé. Quando penso naquilo para que eu achava que estava destinada, do que Jesus me livrou e no que colocou dentro de mim, minha fé aumenta. Se você apresentar sua fé acima de tudo (bem, se você é guitarrista, não se esqueça de trazer também a guitarra), Jesus se comove.

Muitas vezes, as pessoas olham para um grupo de adoradores extravagantes e começam a criticar e apontar o dedo, acusando seus integrantes de serem "superficiais". É mentira. Não se trata de provocar emoções nas pessoas para prepará-las para um culto guiado pela emoção. Não é isso. Jesus Cristo é real e o que Ele fez em nossa vida merece que nos levantemos a qualquer hora da madrugada, cheios de fé, cheios da glória do Senhor, cheios de sua presença. O que Ele fez é digno de nosso louvor extravagante.

Quando estou dirigindo o louvor penso na igreja, penso nas pessoas que vêm ao culto. Algumas trabalharam a semana inteira. Algumas não passaram nenhum segundo com o Senhor desde o último domingo. Algumas passaram a noite acordadas com os filhos. Várias são fiéis. Quando penso em dirigir os olhos dessas pessoas para o Senhor, tirá-las da situação em que estão e dirigi-las a Deus, fico muito entusiasmada. É o que de fato ocorre. Não dirigimos as pessoas para nós nem para a música, nós as dirigimos para Jesus.

Não tenha medo de trazer fé e esperança. Essas coisas não são superficiais. Traga-as. Adoro saber que Jesus ficou muito empolgado quando os amigos desceram aquele homem em frente a Ele pelo telhado. Ele disse simplesmente: "Muito bem, gostei muito da sua fé, eu vejo fé em vocês. Estou comovido pela fé que têm, seus pecados estão perdoados". Fabuloso.

Alegria

O pastor principal de nossa igreja, Brian Houston, sempre fala do "espírito de zumbi" no palco. Sabe como é, aquele olhar de desinteresse, sem brilho, parado, presente no semblante das pessoas quando elas estão no palco e se esquecem por um segundo do que estão fazendo e onde estão. É preciso trazer alegria para o palco. Se as pessoas vierem a nossa igreja e parecer que ela não é nem um pouco diferente do clube da esquina, existe algum problema. Ou, se o clube da esquina na verdade for melhor, então nosso problema é ainda maior!

As pessoas vêm à igreja no domingo de manhã e são nocauteadas por sua alegria interior? A alegria do Senhor é sua força, e o que Jesus fez na sua vida deve pôr um enorme sorriso no seu rosto. Deve ser assim, não importa por quais circunstâncias você esteja passando. As circunstâncias têm de se curvar para a Palavra do Senhor. Não importa o que você esteja enfrentando, isso deve curvar-se ao Senhor. Deve haver alegria no seu rosto. Caso contrário, vá para a frente do espelho e pratique alegria. Algumas pessoas pensam realmente que parecem alegres, mas quando as vemos no vídeo, não parece que estão alegres. Adoro o que a Bíblia diz acerca de nosso semblante: "... seu rosto ficou radiante porque tinha falado com o Senhor". Quando temos dentro de nós a realidade da liberdade que Jesus Cristo nos deu, precisamos encontrar um meio de exteriorizá-la em nosso semblante. Temos de deixar a glória do Senhor brilhar através de quem somos.

Quando fazemos teste com alguém para o coral, a pessoa precisa saber cantar. É um bom começo para o coral! Mas o segundo requisito que procuramos é que o candidato seja capaz de mostrar no semblante a alegria do Senhor. Não dá para ter um grupo inteiro de pessoas com aparência de chapado, de quem usou drogas, isso não funciona. Quando se tem um grupo de pessoas que é simplesmente extravagante por Cristo, e isso se vê no rosto de todas, faz uma grande diferença para a igreja. Isso vale para todos. Em geral, os músicos, que ficam um pouco mais atrás no palco, pensam que não tem importância se a alegria do Senhor não estiver estampada no rosto deles. Mas tem. Tem muita importância. Basta uma só pessoa no palco com jeito de zumbi para perturbar tudo. Transforme a atmosfera trazendo *alegria*.

Fluxo e refluxo no palco

Em alguns cultos a que assisti, o grupo de louvor explodiu em louvor e em seguida, meia hora depois, ainda estava do mesmo jeito. Ninguém respirava, as pessoas suavam sangue no rosto. Isso só aliena as pessoas. Desvia-lhes a atenção. A igreja parecia que estava em estado de choque. Também há o outro extremo, quando as pessoas entram naquele tipo de louvor melancólico... "não quero chamar atenção para mim nesta manhã, estou mais para baixo que uma minhoca". Sei que estou dando exemplos extremos, mas isso chama mais a atenção.

Temos desse modo os dois extremos, mas o que se quer ver na igreja é um grande fluir e refluir. Que haja louvor exaltado e entusiástico e, em seguida, adoração rica e profunda. Mas sempre há alegria e esperança claríssimas. Tenha cuidado para não ser muito meditativo nem excessivamente sonoro, pois queremos atrair "todas as pessoas". Não queremos desviar ninguém do evangelho.

Nos momentos de "adoração livre", não se prolongue por duas horas. Quanto um culto é impressionante ou quanto tempo ele dura é totalmente irrelevante. A visitação soberana do Senhor acontece, mas não tente fabricá-la. Isso não ajuda na edificação da igreja. Muitas vezes a equipe de louvor está muito eufórica, tendo muito prazer no louvor, e se esquece completamente de que o resto da igreja está adormecido ou foi para casa tomar café!

Em nossa igreja temos momentos extremos de louvor. Em seguida, quase sempre diminuímos o ritmo para que as pessoas ouçam a voz de Deus. Às vezes vamos direto ao que Deus está querendo dizer! Mas com esse fluxo e refluxo, nosso objetivo é levar as pessoas conosco. Não é necessariamente um determinado estilo de que mais gostamos. É porque queremos ver *todos* engajados em prestar adoração diante do Rei. É preciso ter os ouvidos abertos musical e espiritualmente, dirigir as multidões a uma expressão genuína de amor e adoração.

Saiba o que seu pastor espera

Agradeço a Deus por trabalhar com um pastor que sabe o que quer da equipe de louvor. Ele espera que estejamos cheios de fé para o culto e que o realizemos juntamente com ele. Quer que apresentemos excelência no palco. Gosto muito de saber o que ele espera de nós. A pior dificuldade que costumo encontrar quando visito as igrejas é que os ministros de música não sabem o que seu pastor quer.

Isso chega aos detalhes. Momentos como o apelo ou o ofertório. O apelo é um momento sublime, mas parece que sempre que um microfone tem de fazer ruído ou algum bebê vai chorar, é no momento do apelo que isso acontece. Como equipe de louvor, é nesse momento que entramos em ação. Sabemos o que o pastor espera. Ele espera que trabalhemos em conjunto com ele. Esse é nosso trabalho. Não podemos relaxar, ir sentar e sonhar durante o apelo. Começamos a orar. Os músicos começam a tocar e depois, no momento em que o pastor está pronto, começamos a cantar e a produzir fé nessa reunião. É isso que fazemos e o que ele espera de nós. É terrível quando estamos tentando dirigir o louvor no palco e há momentos em que não sabemos onde o pastor quer que vamos. Apoie seu pastor. Mostre fé e seja sensível ao Espírito Santo. Dê apoio a tudo o que o pastor estiver fazendo e ajude-o a puxar a rede. Lançamos as redes com a música, lançamos as redes espiritualmente e ficamos admirados quando Deus atrai todos as pessoas para si. Expressar musicalmente o que está acontecendo no campo espiritual tem uma dinâmica poderosa. É a música empregada da maneira que foi projetada para ser usada.

O mesmo acontece no momento do ofertório. Mostre fé. Esse é um momento de *adoração*. Não é hora de desligar os instrumentos e ficar acenando para os amigos da quarta fileira. Não é hora de pegar a partitura da próxima música e testar. Permaneça forte, cheio de fé e atenção ao que o pastor está dizendo. Dê-lhe apoio. É muito importante saber o que o seu pastor espera. Se não souber, *pergunte*!

APRENDA A OUVIR, OLHAR E FICAR ATENTO

Adore a Deus com tudo que você é, mas fique com "um olho fechado e o outro aberto". É muito fácil ficar perdido no louvor, e isso é maravilhoso para você, mas pode facilmente levá-lo a perder um momento grandioso. Você precisa ficar atento ao que está acontecendo. Se não conseguir ficar atento talvez seja melhor não ficar no palco, mas ficar sentado assistindo ao culto. O trabalho no palco é ficar atento para que, como equipe, possamos fazer as pessoas ficarem juntas.

Fatos como mudanças de tom e pausas na música são vitais. Do ponto de vista musical, se houver um "acidente de trem", em geral só ocorreu porque as pessoas do palco não estavam olhando, não estavam ouvindo nem prestando atenção no que estava acontecendo.

Um dia, eu estava no trabalho e recebi um telefonema. Era a polícia. Foram a minha casa porque eu não tinha pagado a gasolina que pusera no carro de manhã! Fiquei muito embaraçada. Nunca tinha feito isso antes na vida! No posto de gasolina, naquela manhã, eu estava falando no telefone, distraída com a conversa que durou muito tempo. Pelo visto eu até enchi o tanque enquanto estava ao telefone, o que é muito perigoso! A polícia me contou tudo isso porque assistiu ao vídeo. Foi muito embaraçoso!

Enfim, a polícia estava em minha casa, e Melinda (que é maravilhosa e me ajuda a cuidar das crianças) recebeu muito bem os policiais. Eu tive de explicar ao guarda que não era nenhuma ladra. Apenas estava tão envolvida com o que estava fazendo que nem sequer me ocorreu que tinha de pagar. Nem pensei. Subi no carro e fui para a igreja!

É o que pode acontecer no palco. Você pode ficar tão absorvido no carinho a Jesus, e isso é a melhor coisa, ou pode estar tão absorvido com a música que se esquece das coisas mais básicas que estão acontecendo a sua volta. Vocês podem estar num momento de louvor impressionante, mas quando metade do conjunto muda de tom e a outra metade não muda, quando o coro está indo para o estribilho e os cantores voltam para o primeiro verso, não adianta nada, só fará que as pessoas desviem os olhos de Jesus.

Grande produção luz & som

Excelência nessa área produz um culto primoroso. E a produção inferior produz um culto terrível! Se o som está alto demais provoca dispersão. Se o som está muito suave, provoca dispersão. Quando a luz está muito escura, as pessoas ficam com sono. Se criarmos um ambiente de dormitório, as pessoas vão se sentar durante a pregação e dormir! O ar-condicionado muito quente dá sono nas pessoas; muito frio, provoca mau-humor. Esses detalhes são muito importantes e prejudicam a reputação de uma boa igreja.

Se o pregador começa a falar e seu microfone de lapela não funciona, as pessoas se distraem. Isso prejudica o impulso. Prejudica o fluir do culto. Desvia o olhar das pessoas de Jesus. Por isso, é decisivo que trabalhemos para ter todos os elementos em ordem. Equipe de produção, é decisivo que tenha esse cuidado. Entendam que vocês são uma parte tão crítica da equipe de louvor quanto o líder de louvor. Sem vocês não se vê nem se ouve nada.

Uma coisa que eu gosto em nossa equipe de produção, em Hillsong, é que são pessoas cheias de entusiasmo. Entusiasmo que tem origem numa forte convicção em algo. Essa convicção gera poder, um desejo ardente de pôr em prática as ideias e as crenças.

É sempre fácil ir até o meio da estrada, ficar na média. Quando alguém ousa dar um passo à frente e ser entusiasta com alguma coisa, sempre haverá quem o ache não-realista, obcecado. Quem liga para isso?! Colossenses 3.23 diz: "Tudo que fizerem, façam de todo o coração, como para o Senhor, e não para os homens". A verdade é que

> "Tudo que fizerem, façam de todo o coração, como para o Senhor, e não para os homens."

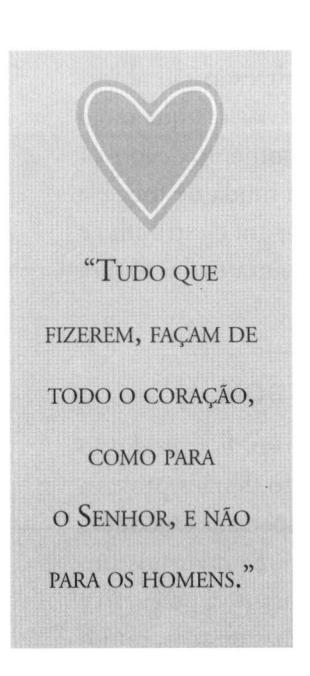

mais coisas são feitas pelas pessoas não-realistas, obcecadas por uma ideia, que pelas que não são assim. Dave Watson, o gerente de produção da Igreja Hillsong, trouxe tanto entusiasmo para a equipe, que não só o grupo aumentou em número como também foi mudado o modelo de como é uma equipe de produção religiosa. É maravilhoso!

Paixão

Você tem paixão pelas coisas de Jesus Cristo? Eu lhe digo que só de olhar para minha Bíblia de manhã eu começo a chorar. Ela contém todas as respostas que sempre necessitamos para a vida. Leio a Bíblia e vejo que ela tem tudo para mim. Sempre me lembra do que Deus fez por nós, de que nos salvou e nos libertou. Pense no Senhor e no que *Ele fez*. Deixe que a paixão pelo Senhor brote dentro de você, deixe que ela seja o combustível que abastece o que você é e o que faz na vida.

Toda vez que cometo um erro e começo a fazer as coisas sozinha, sem ajuda, é porque desviei meus olhos de Jesus e minha paixão por Ele começou a diminuir. Paixão pelo Senhor não se encontra no palco. Não se pode esperar ficar maravilhosamente apaixonado pela verdade de Deus sem conhecê-lo de fato.

O que pode matar a paixão? Pense nisso em relação ao casamento. Quais os elementos destruidores da paixão? Falta de interesse, ficar ocupado demais para passar tempo junto com o companheiro, indiferença, etc.. Se seu companheiro diz: "Ó, querida, eu te amo!", e você está isolada no seu mundinho, existe nisso um enorme destruidor da paixão.

Dispersar-se é um destruidor de paixão. Eu e Mark temos uma regra em nosso quarto. Quando entramos ali não falamos sobre trabalho, nem sobre nada parecido, porque respeitamos nosso relacionamento.

Sabe como aprendemos isso? Indo para a cama queixando-nos do trabalho, de tudo o que acontecia e tentando, em seguida, ficar apaixonados. Adivinhe o que acontecia? Nada.

Entende o que estou dizendo? Se quiser gastar tempo com o Senhor, gaste tempo com Ele. Não fique ocupado demais. Não chegue até Ele apenas para reclamar, para lhe entregar a lista de seus principais desejos e depois dizer "amém". Você precisa ir até Deus, agradecer-lhe, amá-lo e deixar que corresponda a esse amor.

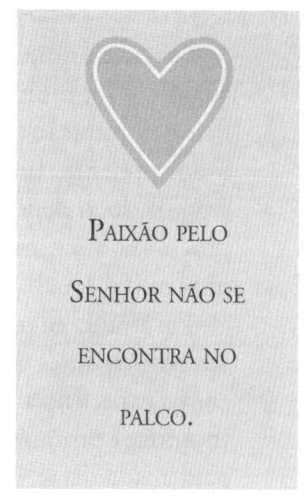

> Paixão pelo Senhor não se encontra no palco.

Não fale demais

Tudo que tenho para dizer aos líderes de louvor é "não falem demais". Qualquer coisa excelente quando é excessiva perde qualidade. Nós lideramos o louvor. O pastor prega a mensagem. Se alguma vez ele lhes pedir para pregar uma mensagem será uma honra e um grande privilégio, e vocês farão um trabalho muito bom. Mas antes disso, fiquem apenas na direção do louvor fazendo o que lhes foi pedido para fazer. Comprometam-se com o culto todo, não apenas com parte dele. Se se comprometerem em fazer apenas a parte de vocês e se esquecerem do resto, com que, então, estarão contribuindo?

Seja autêntico

Seja uma pessoa genuína. Queremos acabar com essa mentalidade de encenação. Estamos falando de adoração, de adorar o Deus vivo. Não queremos um grupo de "atores". Precisamos apenas ser pessoas genuínas, autênticas em nosso louvor.

O mundo reconhece o fingimento. As pessoas do mundo sabem quando estamos sendo verdadeiros. Seja um grupo que sobe ao palco com tanta autenticidade na busca de Deus e é tão verdadeiro no seu compromisso que as pessoas comecem a se apaixonar por Jesus novamente.

NADA DE PRIMA-DONAS

Certa vez, num Seminário Hillsong, fizemos uma esquete sobre esse assunto e foi muito divertido. Começamos com o grupo de pessoas fiéis da produção e alguns cantores e músicos no palco. Elas estavam todos presentes bem cedo, ensaiando, preparando o palco, etc.. Em seguida, logo depois que o culto começou, entrou o líder do louvor procurando seu microfone, reclamando do retorno e precisando de um copo d'água!

Foi muito engraçado e um pouco assustador. Quando perguntei aos participantes do seminário se o quadro tinha alguma semelhança com a experiência da "vida real" deles, muitos responderam que sim. Incentive e promova as pessoas pela fidelidade e pelo chamado de Deus para a vida delas. Entretanto, eu lhe garanto que a atitude de prima-dona é muito sutil. A postura do tipo "amigo, essa igreja não seria tão boa se eu não estivesse aqui" ou "se a igreja pelo menos soubesse o que ganha comigo aqui...". Credo! Ou, então: "Todos os pastores recebem salário! A igreja devia me pagar, eles não sabem quanto eu valho?!!".

A atitude de prima-dona ou de "olhem pra mim, olhem pra mim" não funciona. Para seu bem, fique sentado na congregação. Na verdade, se tentar fazer isso em nossa igreja, vai ficar sentado na congregação!!!

O louvor é soberano. É soberano mesmo. Gosto muito da história de Lucas 14.17-21, em que um homem enviou o servo para dizer a seus convidados: "Venham, pois tudo já está pronto". Mas todos começaram a dar desculpas. "O primeiro disse: 'Acabei de comprar uma propriedade, e preciso ir vê-la. Por favor, desculpe-me'. Outro disse: 'Acabei de comprar cinco juntas de bois e estou indo experimentá-las. Por favor, desculpe-me'. Ainda outro disse: 'Acabo de me casar, por isso não posso ir'. O servo voltou e relatou isto ao seu senhor. Então o dono da casa irou-se e ordenou ao seu servo [adoro essa parte]: 'Vá rapidamente para as ruas e becos da cidade e traga os pobres, os aleijados, os cegos e os mancos'."

Não entenda isso da maneira errada, mas de alguma forma acho que isso pode acontecer conosco. Com as pessoas que dizem: "Vou tentar. Amo Jesus, eu tenho um pouco de talento; é necessário um pouco de trabalho, mas eu vou tentar, vou me esforçar". Jesus pega pessoas comuns, comprometidas com Ele, que têm compromisso com seu plano e seu propósito e as usa.

Em minhas viagens, sempre recebo pilhas enormes de cartões do tipo: "Sou profeta, ligue-me"; "Sou um grande ministro de música, ligue-me"... Não fique achando que vai perder algo. Seja fiel, vá atrás das coisas de Deus, seja autêntico, seja apaixonado em sua busca e *confie em Deus*.

> A ADORAÇÃO É SOBERANA.

Os velozes nem sempre vencem a corrida; os fortes nem sempre triunfam na guerra; os sábios nem sempre têm comida; os prudentes nem sempre são ricos; os instruídos nem sempre têm prestígio; pois o tempo e o acaso afetam a todos (Ec 9.11).

Fuja da atitude de prima-dona. Fuja dela e comprometa-se a edificar a igreja, o farol de Deus. A resposta de Deus para a Terra hoje são pessoas como você e eu. Pessoas comuns que dizem: "Desculpe-me, mas acho que gostaria de fazer alguma coisa. Se o Senhor puder usar-me, fique à vontade!". Nós, eu e você, somos essas pessoas. Deus nos honra, não às prima-donas!

A HISTÓRIA DE ÉRICA

Esta história é de Érica Crocker, uma de minhas melhores amigas, tremenda cantora e membro valioso de nossa equipe. Aqui transcrevo sua história de quando andava pelos caminhos de prima-dona.

"Em essência, quando cheguei à igreja, ingressei no coral. Duas semanas depois que entrei pedi para ser uma cantora da primeira fila. Eu pertencia a uma família do meio artístico (acho que eu tinha o "espírito do *showbiz* em mim"). Na verdade, demorei três anos e meio até vir a ser cantora da primeira fila porque Deus tinha de fazer uma obra em minha vida.

Eu conhecia e punha em prática todos aqueles 'inimigos do palco' que Darlene apontou. Deus teve que me ajudar a superar cada um deles! Então, eu estava no coral, e meu pai me dizia: 'Se você consegue ver a câmara, ela consegue ver você'. Como a câmara costumava fazer tomadas da primeira fila do coral, eu queria garantir meu lugar lá. Eu podia estar cantando normalmente mas se visse a câmara se aproximar, começava a 'louvar a Deus' realmente. Com um olho apenas. O outro estava concentrado no monitor de vídeo, verificando se eu estava bem na imagem!!!

De repente, um dia, o líder do coral descobriu que eu era muito alta para ficar na primeira fileira, pois havia pessoas menores atrás de mim. Então, resolveu colocar-me na parte de trás do coral; eu odiei, porque, afinal, a câmara não me alcançaria na fileira de trás! Eu costumava chegar cedo, agachava-me um pouco para ficar mais baixa, e ficava na primeira fila. Eu conseguia me virar desse jeito durante o ensaio, mas, quando começávamos, eu estava com dor nos joelhos e, então, ouvia: 'Crocker, vá para trás!'.

Fui muitas vezes para a fileira de trás. Mesmo quando estava em pé lá atrás, sempre tentava ficar no canto para ainda poder ser vista.

Enfim, um dia, eu estava atrás (não estava no final, por isso a câmara conseguia me pegar) e tive uma atitude verdadeira para com a senhora que estava dirigindo o coral. Fiquei em pé atrás de alguém, de modo que eu não conseguia enxergar a regente, nem ela me via.

Ali estava eu 'adorando a Deus' (Hã!) e a líder do louvor estava lendo um versículo da Bíblia que fala a respeito de línguas de fogo. Enquanto ela lia havia demonstração pirotécnica, e eu estava maravilhada. Deus me abriu os ouvidos. Começamos a cantar a música e foi incrível. Eu estava cercada por todos aqueles cantores cantando com sinceridade para Deus. Tenho certeza de que sempre tinha sido assim, mas eu nunca tinha ouvido antes. De repente, meus ouvidos se abriram (talvez eu tivesse um bloqueio, e a explosão acabou com ele) e, enquanto eu estava ali, Deus falou ao meu espírito, e disse: 'Por que você está aqui?'. Eu respondi: 'O que o Senhor quer dizer? Estou cantando, cantando no coro'. Ele me disse, então: 'Não, não é isso. Você está aqui para me adorar e vamos ficar aqui adorando para todo o sempre. E a ideia é que todas essas pessoas estão adorando. Não estão olhando para você, estão olhando para mim. Não importa onde você esteja, no palco, na primeira fileira, na última, no estacionamento ou na congregação. Você está aqui para me adorar'. Desse dia em diante minha vida mudou. Nossos ensaios de quarta-feira à noite nunca mais foram uma opção para mim. Eu estava lá para tudo, sempre. Dizia 'sim, senhor'; 'sim, senhora'; 'estou aqui'... Esta é minha história."

Érica é ótima. Imagine que coragem teve para dizer tudo isso. Sim, porque todos nós estávamos lá! Deus mudou aquele espírito de "olhem para mim", de maneira que ela começou a adorá-lo com extravagância, em espírito e em verdade. Fantástico! *Eu te amo*, Érica Crocker, e fico muito feliz de Deus ter-nos posto juntas.

AME O SENHOR MAIS DO QUE AMA SEU TALENTO

Essa atitude nos faz ver as coisas de longe, com imparcialidade. Com muita frequência ficamos autocontemplativos, olhando para nosso talento e preocupados em porque ele não está sendo usado como queremos. Isso gera frustração. Em seguida, começamos a andar com outras pessoas que pensam do mesmo jeito e falamos de nossas frustrações e começamos a descer pelo caminho da amargura. Angústia, fofoca e amargura sempre encontram amigos. O fato de encontrarmos alguém que concorde conosco *não* é nenhuma confirmação do Senhor de que nossos sentimentos e nossas ideias estejam corretos! Seja lá o que for do que você se queixa, sempre encontrará alguém com a mesma atitude que a sua, que fica feliz em concordar com você pois isso o faz sentir-se melhor! Esse é um caminho muito perigoso para seguir.

> ANGÚSTIA, FOFOCA E AMARGURA SEMPRE ENCONTRAM AMIGOS.

Você precisa se disciplinar para manter o foco no Senhor. Se Deus quiser realizar coisas incríveis em você, não há nenhum ser humano que consiga colocar-se no caminho do que Ele quer fazer. Deus é quem promove você.

Não é do oriente nem do ocidente nem do deserto que vem a exaltação. É Deus quem julga: humilha a um, a outro exalta (Sl 75.6, 7).

Seja fiel naquilo que Ele lhe confiou, pois no final é tudo para Jesus.

DICAS PRÁTICAS PARA LÍDERES DE LOUVOR

Encontrei esta carta recente que enviei a todos os nossos líderes de louvor e diretores de música da Igreja Hillsong. Transcrevo palavra por palavra da carta. Ela pode lhe dar uma ideia melhor do que esperamos de nosso grupo.

Queridos líderes de louvor e diretores de música,

A cada dia que passa, adquiro mais consciência crítica do poder de louvar e adorar nosso queridíssimo Senhor Jesus.

A temperatura espiritual continua subindo, e a batalha entre o céu e o inferno pela vida de pessoas preciosas está aí! Por isso:

ESPIRITUALIDADE

- Fiquem próximos de Deus. Quando estamos na presença dele ficamos muito conscientes de que "maior é o que está em mim, do que o que está no mundo"; de que a peleja cessa e então começamos a nos descontrair e deixar a pessoa que somos em Cristo *brilhar*!

- Aumentem a dedicação de vocês quanto a orar e sustentar o serviço em oração. Sejam incessantes na oração.

- Compreendam que vocês não podem ser controlados por "emoções", como muitas vezes podemos "sentir" que o culto foi *desanimado*, etc.. O Espírito Santo age na vida e no coração das pessoas. Liderem com atitude de *fé*, um compromisso inabalável com o que não se vê.

Liderança

- Seja quem for que dirija o louvor, é a pessoa a quem foi dada autoridade de *liderar* da maneira que achar melhor. Essa pessoa responde diretamente a mim e ao pastor Brian.

- O diretor de música apoia incondicionalmente o líder de louvor em qualquer decisão que este tomar, quer seja opinião particular dele, quer não.

- Acredito que a *unidade* (compromisso com a união, que exige morrer continuamente para o eu, *rendição* e todas essas coisas *difíceis*!) causa um grande *prejuízo* no quartel do inimigo e produz eficiência maior no Reino de Deus. No Salmo 133, o óleo da unção mencionado como resultado da unidade também é considerado "*caro*". Custa muito a cada um. Permaneça comprometido com ele!

- Lidere pelo exemplo, seja prestativo no serviço, ame sua equipe, seja *pontual*, esteja *preparado* musicalmente e pronto para tudo!! Quanto mais preparação houver no ensaio, mais espaço terá para sair para o profético, tocar o inesperado, para facilitar os "*momentos*" da vida da igreja que fazem um culto especial.

Lembrem-se:

- Vocês fazem parte de um time vencedor.

- Pertencem a uma família da igreja que está comprometida a ver seu destino revelado.

- Vocês são muito valorizados e amados, não apenas pelo que trazem a esta casa, mas pelo *que são em Cristo*!!!

Tenham uma noite excelente e orem pela mixagem, para que o Espírito de Deus se sinta à vontade neste projeto (álbum).

Eu os amo muito,
Darlene

O QUE VOCÊ LEVA PARA O PALCO

Como líder de louvor, o palco não é um "direito" seu, é um privilégio divino. Com o palco vem uma grande responsabilidade e, como líder da igreja, precisamos dar o exemplo mostrando generosidade em tudo que fazemos. Precisamos ser adoradores extravagantes, generosos em nosso serviço e em nossa expressão de amor uns para com os outros, porque isso muda a dinâmica do palco.

Capítulo 7

CANÇÕES DO CÉU

A música é uma força poderosa, criada para comover o íntimo das pessoas como nada mais consegue. Desde o início dos tempos, quando Deus colocou o mundo em movimento, "as estrelas matutinas juntas cantavam e todos os anjos se regozijavam" (Jó 38.7). A primeira vez que encontramos cântico na Bíblia é em Êxodo 15, quando Moisés e os israelitas cantaram um incrível hino de louvor agradecendo a Deus pela vitória espetacular sobre faraó e seu exército. Deve ter sido um som muito vitorioso quando eles cantaram: "O Senhor é a minha força e a minha canção; ele é a minha salvação! Ele é o meu Deus e eu o louvarei, é o Deus de meu pai, e eu o exaltarei!". Cantar foi a reação imediata dos filhos de Israel ao incrível livramento de Deus. Veja que jamais cantaram uns para os outros, mas respondiam ao Senhor com uma canção de louvor a Ele.

Sou muito grata por ter sido cercada pelo belo som da música desde que nasci. Todos os dias a música tem sido uma incrível força na minha vida. Cantei muitas melodias. Meu pai e minha mãe cantam, e meus irmãos e minha irmã também. Danço desde que me entendo por gente. Aprendi jazz, sapateado e balé durante nove anos. Estudo piano e canto desde os cinco anos. Quando era jovem, escrevia muitas canções simples e sonhava com o dia em que apresentaria essas ideias musicais para alguém. Tantos sonhos, contudo, nenhum deles fazia muito sentido antes de eu conhecer meu Criador de sonhos: Jesus. Esse encontro foi diferente de qualquer outro, pois encontrando-me com Ele finalmente comecei a me conhecer. Quanto mais conheço a Deus, mais entendo a *razão* por trás do poder da música que era tão real em mim.

O primeiro cântico de adoração que escrevi foi depois que me converti, com quinze anos de idade. Nossa igreja o cantou uma noite. Para ser sincera, mais do que exultante, fiquei completamente "surpresa e extasiada" com a responsabilidade espiritual de pôr um cântico de louvor e adoração no coração das pessoas que o cantam. Depois parei de escrever cânticos de adoração por cinco anos até que entendi um pouco mais do poder da adoração "em espírito e em verdade". Em vez disso, eu escrevia canções de amor melosas!

Há milhares de novas canções sendo escritas sobre nosso Rei todos os dias, o que é incrível! Às vezes, parece que todas elas caem em minha escrivaninha em forma de fitas de demonstração. Algumas são enviadas resolutamente por músicos maravilhosos de todas as partes do mundo, pedindo orientação e opinião. Outras vêm dos nossos compositores de Hillsong, que estão aproximando os ouvidos do céu e procurando trazer um som novo para a Terra. Algumas são obras-primas musicais, outras são muito simples na forma, mas fico continuamente surpresa pelas ideias intermináveis e as incontáveis melodias e letras comoventes que estão sendo compostas. Músicas que procuram descrever a maravilha de nosso Rei.

Nunca me considerei a maior nem a mais bem-informada no que diz respeito à arte de compor canções, mas na verdade tenho ouvido bom para ouvir os cânticos que dão uma nova canção para a igreja. Músicas que permitem às pessoas comuns, homens e mulheres, meninos e meninas, expressarem o louvor de seu coração ao nosso maravilhoso Senhor e Rei.

Há músicas que, às vezes, pelo sopro de Deus sobre elas, fazem sucesso nos lábios, na mente e no coração de congregações de todo o mundo. Hinos do século XXI, entoados por multidões que desafiam qualquer barreira de tempo e fáceis de ser cantados até pela pessoa menos musical; músicas que acendem paixão e inflamam a alma de todos que as cantam. Compositores como Matt Redman, Martin Smith e Reuben Morgan, para mencionar apenas alguns, têm a capacidade escrever canções que fazem o espírito humano reagir de maneira poderosa. Músicas que não deixam ninguém permanecer como antes. É a nova canção. É a canção profética. É o cântico de louvor. É um cântico de unidade, de intimidade e também um cântico de guerra. Está surgindo entre nós. Uma canção de paz e justiça. Uma canção de graça e perdão. Canção de compaixão e misericórdia. Um cântico de força e justiça. De força e poder. É o som da adoração sendo restaurado a seu lugar de direito e oferecido a seu único patrocinador.

> ORO PARA TRAZERMOS O SOM DO CÉU À TERRA.

Ao adotar a nova canção, não nos esqueçamos de alguns dos mais excelentes hinos escritos ao longo dos séculos, por lendas como Charles Wesley, que escreveu aproximadamente 6 500 hinos. Charles era um autor fenomenal; escreveu canções maravilhosas como, por exemplo, "Hark the Herald Angels Sing" [Hino de Natal] e "Mil línguas eu quisera ter" [O for a thousand tongues to sing].

Você pode frequentar centenas de aulas sobre como criar grandes músicas, como escrever canções de sucesso, mas quando se trata de trazer o som do Céu à Terra, a *arte* é apenas uma parte da incumbência do compositor. Não se tropeça em músicas celestiais. As canções que verdadeiramente ligam o espírito humano com seu Criador sempre nascem no caminho da sala do trono de Deus, um caminho muito trilhado, por onde o compositor viajou muitas vezes.

Oro para trazermos o som do Céu à Terra. Não temos de esperar que o mundo nos apresente esse som e depois o copiarmos da melhor maneira possível. Tenho ouvido no rádio recentemente algumas músicas religiosas que me deixam surpresa e sei que a maioria dos autores nem sequer sabe o que fez brotar.

Não é que de repente os não-salvos estão tocando a Deus. Sabe o que é isso? São "as pedras clamando" (Lc 19.40). Precisamos continuar vendo músicas nascidas na igreja que mantenham as pedras caladas. Deus precisa ser louvado!!! Assuma seu lugar a fim de que se veja a glória do Senhor por toda a Terra.

Como compositora sinceramente acho que sabemos quando tocamos o coração de Deus e quando apenas tocamos músicas. Ser compositor do Reino significa ter o coração segundo as coisas de Deus, *não* segundo os elogios dos homens.

Em abril de 2000, eu e Mark fomos convidados para um jantar de compositores nos EUA, onde autores que eu admirava há muito tempo se reuniram para homenagear os "compositores cristãos do século": Bill e Gloria Gaither. Amy Grant e o marido, Vince, e Michael Smith apresentaram uma seleção das músicas mais queridas dos Gaithers. Eu e Mark ouvimos e fomos totalmente tocados à medida que cantavam uma canção atrás da outra como, por exemplo, "Porque vivo está".

Agradeço a Deus por essas gravações e por esse casal piedoso que escreveu a música que marcou minha salvação. Não precisa dizer, eu e Mark choramos quando nos lembramos das maravilhas de Deus em nossa vida – quanto temos que lhe agradecer.

Na Igreja Hillsong, mesmo com todos os projetos de gravação que realizamos e as novas canções que trazemos, sempre insisto com nossos compositores para nunca trilharem o caminho de "compositores movidos a projetos". É melhor ser "compositor movido pelo céu", quando se tem o coração desesperado para conseguir uma "canção nova" em tudo que se escreve, quando ela é cantada por milhares ou simplesmente pela divina "plateia de Um Só".

Toda vez que gravamos um álbum ao vivo é uma noite magnífica. É um *flash* do crescimento de doze meses no coração de uma igreja local que é totalmente determinada a ser tudo aquilo para que foi chamada: um povo que tem sede de mais de Deus e anseia trazer o Reino dele para nós. Cada vez mais vejo esse desejo prevalecer em todo o Corpo de Cristo. Não é exclusividade de nenhuma igreja ou denominação em particular. A noiva está esperando ansiosa e se preparando para a vinda de seu Amado. Queremos levar toda a humanidade à presença

Jesus, what a beautiful name

Jesus, what a beautiful name
Son of God, son of man
Lamb that was slain
Joy and peace, strength and hope
Grace that blows all fear away
Jesus, what a beautiful name

Jesus, what a beautiful name
Truth revealed, my future sealed
Healed my pain
Love and freedom, life and warmth
Grace that blows all fear away
Jesus, what a beautiful name

Jesus, what a beautiful name
Rescue my soul, my stronghold
Lifts me from shame
Forgiveness, security, power and love
Grace that blows all fear away
Jesus, what a beautiful name

Jesus, que nome maravilhoso!

Jesus, que nome maravilhoso
Filho de Deus, Filho do homem
Cordeiro que foi morto
Alegria e paz, força e esperança
Graça que afasta todo medo
Jesus, que nome maravilhoso

Jesus, que nome maravilhoso
Verdade revelada, meu futuro selado
Curou minha dor
Amor e liberdade, vida e calor
Graça que afasta todo medo
Jesus, que nome maravilhoso

Jesus, que nome maravilhoso
Salvou minha alma, é minha fortaleza
Livrou-me da vergonha
Perdão, segurança, poder e amor
Graça que afasta todo medo
Jesus, que nome maravilhoso

> Queremos levar toda a humanidade à presença gloriosa de Deus.

gloriosa de Deus, incentivando as pessoas a cantar canções do fundo do coração, expressando gratidão, alegria amor e devoção a Deus.

Não quero escrever canções que se pareçam com músicas que todos já ouvimos, músicas que se pareçam com o último sucesso do rádio nem mesmo canções que se pareçam com o que escrevemos no ano passado. Quero, sim, músicas que tragam um som profético. Um som novo, algo que venha direto do coração do Pai.

Lembro-me de ter ouvido uma palavra profética pronunciada para Russell Fragar, certa noite: "E o anjo do Senhor ficará ao pé de sua cama à noite e cantará canções para você, ó grande escritor". Que jeito divino de compor! Ter canções cantadas direto do céu, músicas que trazem revelação e não apenas bela música.

Se como compositor tudo o que lhe interessa é o último e o melhor álbum, ou o mais vendido, você está completamente enganado. Não somos uma indústria. Somos igreja de Deus e, como eu disse anteriormente, temos a tremenda responsabilidade de colocar o som de louvor e adoração nos lábios das pessoas.

Keith Green, outro compositor magnífico de nossa época, escreveu canções que ajudaram a moldar espiritualmente uma geração inteira. "There is a Redeemer" [Há um Redentor] é uma dessas músicas que me faz ficar *prostrada* na presença de Deus.

"O Messias", de Handel, tornou-se uma das maiores narrativas musicais do evangelho jamais composta e ainda tem profundo impacto no mundo até hoje. George Handel, um músico fantástico, mostrava uma inequívoca inclinação para a música já em idade bem precoce. O único problema era que seu pai tinha outros planos para a vida dele. Tinha decidido que o filho seria advogado porque considerava a música "um divertimento indigno". O pai fez tudo que podia para manter qualquer instrumento musical fora do alcance dele. Na verdade, até proibiu George de frequentar a escola com medo que aprendesse algo sobre música.

Esse jovem devia ter um desejo insaciável pela música, pois encontrou uma espineta bamba (espineta é um instrumento antigo de cordas e teclas, em forma de trapézio) e a escondeu no sótão. Enquanto o resto da casa dormia, George ia exercitar seus pequeninos dedos naquelas teclas até ficarem doendo. Ele conseguiu aprender a tocar sozinho sem que ninguém soubesse de nada. Tinha apenas sete anos de idade.

Um dia, George entrou furtivamente na capela do duque de Saxe-Weissenfels (diga esse nome seis vezes bem rápido!!!) para tocar o órgão, sem saber que alguém podia estar por perto. O próprio duque o ouviu tocar. Sendo um homem de música, descobriu imediatamente o prodígio musical que estava tocando de maneira tão magnífica ali diante dele. Ele se encarregou e ordenou ao pai de George que o fizesse iniciar nos estudos musicais logo. Que intervenção divina, graças a Deus pelo duque! O Messias! Sem falar em "Touching heaven & changing earth"!

> *Cantem ao Senhor um novo cântico*
> (graças a Deus porque em nossa igreja cantamos novos cânticos toda semana!)
> *pois ele fez coisas maravilhosas...*
> *Aclamem o Senhor todos os habitantes da terra! Louvem-no com cânticos de alegria e ao som de música! Ofereçam música ao Senhor com a harpa, com a harpa e ao som de canções, com corneta e ao som da trombeta; exultem diante do Senhor, o Rei!* (Salmo 98).

O Salmo 40.3 diz: "Pôs um novo cântico em minha boca, um hino de louvor ao nosso Deus". A Palavra nos exorta continuamente a apresentar um cântico novo ao Senhor. Cantar um cântico novo, apresentar algo novo, é ser novo no amor por Ele, novo na revelação de sua Palavra.

Se você compõe cânticos de louvor e adoração veja algumas regras práticas que aprendi e podem ajudá-lo.

ESCREVA CANÇÕES QUE REFLITAM O QUE SEU PASTOR ESTÁ ENSINANDO

Isso permite que a mensagem penetre além da mente do ouvinte, atingindo-lhe a alma e o espírito. Na verdade, se prestar atenção a qualquer álbum da Hillsong, vai ouvir um tema forte em todas as letras, em geral resultado de uma das mensagens do pastor Brian.

Também há muito poder em pegar momentos claros de revelação divina em sua vida e musicá-los. Um exemplo disso é a canção "What the Lord has done" [O que o Senhor fez], de Reuben Morgan, escrita para ser cantada no batismo de seu irmão. Esse belo momento na vida de um homem deixando para trás o passado e levantando-se da água para uma nova vida que Deus lhe reservou. Os versos são muito bonitos:

> Vou levantar-me das águas profundas
> para os braços salvadores de Deus
> E entoarei cânticos de salvação
> Jesus Cristo me libertou

FAÇA CANÇÕES FÁCEIS PARA AS PESSOAS CANTAREM

Se estiver escrevendo para a igreja, garanta que suas músicas não precisem de nenhuma Celine Dion nem algum Michael Bolton para cantá-las! Ouço uma série de cânticos maravilhosos, cânticos que são muito bons para apresentações especiais. Se você quer que a igreja cante suas músicas, faça canções acessíveis.

DEIXE UM "GANCHO" PARA DESENVOLVER

Esse é o tipo de melodia forte, repetitiva que declara um assunto importante de maneira muito eficaz e permite que o ouvinte participe com facilidade. Por exemplo, na música "Dwelling places", de Miriam Webster, a letra é poderosa e a melodia é simples, o que permite ao adorador assimilar facilmente o tema.

Vá mais fundo quando estiver compondo

Às vezes, o primeiro esboço é o definitivo, mas eu o incentivo a deixá-lo parado por algum tempo. Depois, volte e procure uma nova ideia, uma nova expressão lírica. Examine com olhar contemplativo e oração do início ao fim.

Escreva livremente, não sob encomenda

Como sempre, *tudo volta ao coração*. Ouça a canção "The heart of worship", de Matt Redman, e deixe a verdade dessa letra penetrar a sua alma. Se você está tentando escrever apenas em troca de dinheiro ou para receber elogio dos homens e depois, de alguma maneira, ao mesmo tempo apresenta o novo som e cântico, deixando que o céu em você toque a terra... alguma coisa está gravemente errada nessa situação!

Tenha grandeza

... e deixe espaço para a crítica construtiva. Algumas canções são feitas apenas para você e o Senhor. Se você é muito suscetível com suas canções, está começando a trilhar uma estrada muito longa e difícil. Mostre suas canções a alguém em que você confia e lembre-se de que o melhor teste para os cânticos congregacionais é a própria congregação. Se depois de algumas semanas o cântico não decolar, deixe estar! As melhores canções *ainda* estão por ser escritas, e a reserva de nosso Deus criativo, expansivo, generoso e sempre amoroso é inesgotável! Tenho visto muita gente ser nocauteada no ringue de composição de cânticos. Não se deixe magoar pelas críticas. Receba-as, aprenda com elas e vá em frente.

Desenvolva sempre seu potencial de compositor

Ouça músicas que você normalmente não ouviria. Não pense apenas em suas preferências musicais. Os melhores cantores e os melhores músicos são os melhores ouvintes.

Consulte a Palavra de Deus

Sempre que começo a escrever, abro a Bíblia, canto e louvo com um salmo. Não existe nada mais inspirador.

Cantem ao Senhor um novo cântico; cantem ao Senhor, todos os habitantes da terra! Cantem ao Senhor, bendigam o seu nome; cada dia proclamem a sua salvação! anunciem a sua glória entre as nações, seis feitos maravilhosos entre todos os povos! Porque o Senhor é grande e digno de todo louvor (Salmo 96).

Eu e Russel Fragar, certa vez, estávamos decididos a apresentar um novo cântico de louvor para a igreja mesmo tendo apenas duas horas. Nós escrevemos e, alguns minutos antes do ensaio, tínhamos "That's what we came her for" [Por isso estamos aqui]. A canção decolou e fez sucesso. Ensinamos muitas canções novas a nossa igreja. Na verdade, ensinamos uma média de 35 músicas novas todo ano, e a igreja aprendeu a gostar disso. Mas, devo dizer, houve momentos em que pensamos numa canção *muito ruim*!

Uma noite, estávamos ensinando um cântico novo para a igreja, um cântico bem recente. Na verdade, era uma música que eu tinha acabado de escrever naquela tarde. O conjunto começou a introdução, que estava muito bonita. Tomei fôlego, pronta para começar o primeiro verso, e não conseguia me lembrar exatamente como começava. Fiz sinal para os músicos continuarem tocando a introdução enquanto eu procurava na memória o verso inicial.

Repetimos a introdução duas vezes e já estava começando a ficar ridículo. Então virei para a igreja e disse: "Não tenho a mínima ideia de como começa esse cântico!". A igreja rolou de rir. Corri pelo palco procurando alguém que me lembrasse do cântico que eu tinha acabado de escrever. Graças a Deus um dos músicos se aproximou e começou a cantar o primeiro verso no meu ouvido. Meu cérebro voltou ao normal, iniciamos o cântico, a igreja se alegrou, continuamos a louvar e tivemos uma noite maravilhosa.

Os cânticos de louvor e adoração mais fortes sempre são textos bíblicos musicados. Simplesmente porque a Bíblia é a Palavra de Deus viva, inspirada e infalível. As canções a respeito de nossa expressão e de nossos sentimentos em relação a Deus são muito intimistas e, infelizmente, recebem algumas críticas. No entanto, recebemos milhares de mensagens de homens e mulheres de todas as idades agradecendo por essas canções pessoais... "Eu jamais conseguiria expressar essas ideias que tenho em relação ao Senhor se você não tivesse me dado essa possibilidade". Sinceramente acho que essas canções tiveram papel estratégico para trazer um novo senso de intimidade na relação das pessoas com o Senhor. Adoro cantar sobre a majestade e a maravilha de Deus... e é maravilhoso ser capaz de expressar isso em palavras de devoção íntima a Ele.

Worthy is the Lamb

Thank You for the cross Lord
Thank You for the price You paid
Bearing all my sin and shame
In love You came
And gave amazing grace

Thank You for this love Lord
Thank You for the nail pierced hands
Washed me in Your cleansing flow
Now all I know
Your forgiveness and embrace

Worth is the Lamb
Seated on the throne
Crown You now with many crown
You reign victorious

High and lifted up
Jesus, Son of God
The darling of heaven crucified
Worthy is the Lamb
Worthy is the Lamb

Digno é o Cordeiro

Obrigada, Senhor, pela cruz
Obrigada pelo preço que pagaste,
Carregando todos os meus pecados
e minha vergonha
Tu vieste com amor
E deste graça incomparável

Obrigada por esse amor, Senhor
Obrigada, pois os cravos nas tuas mãos
Lavaram-me no teu sangue purificador
Tudo que conheço agora
são teu perdão e tua adoção

Digno é o Cordeiro
Sentado no trono
Coroado agora com muitas coroas
Teu reino vitorioso

Elevado e exaltado
Jesus, Filho de Deus
O tesouro do céu crucificado
Digno é o Cordeiro
Digno é o Cordeiro

Capítulo 8

A GERAÇÃO DE JESUS

Minha linda filha de doze anos, Amy, já calça 39!! Ela tem os pés enormes... e ainda estão crescendo! Eu calço 37 ou 38, e minha mãe tem o pé pequeno, 35. É fato que a cada geração as pessoas ficam cada vez maiores. Também estão ficando mais fortes em vários aspectos. Estão mais confiantes, mais zelosas e mais destemidas, cheias de visão, tudo com a atitude de *eu posso*. Quando esses incríveis comportamentos centrados são alimentados dentro de um ambiente de fé, o futuro de cada um desses jovens corajosos será magnífico!

Escreva-se isto para as futuras gerações, e um povo que ainda será criado louvará o Senhor (Sl 102.18).

Tenho uma convicção pessoal a respeito de criar a próxima geração de músicos adoradores nas coisas de Deus... fornecer-lhes uma plataforma espiritual rica de onde se lancem, vendo-os explorar o que jamais ousamos!!

É responsabilidade de um líder transmitir tudo que sabemos... glorificar nosso Deus, recomendar suas obras àqueles que vêm depois de nós, ensiná-los a valorizar a jornada e não ter ressentimentos...

mostrar-lhes que o único meio de "aproveitar a vida ao máximo" é conhecendo a Cristo. Contar-lhes as maravilhas que Deus fez e ensiná-los sobre a fidelidade de Deus.

O seu exemplo *inspira* a próxima geração a entregar a vida? Não se pode apenas dizer a alguém como viver, é preciso dar o exemplo. Há milhões de jovens implorando por uma liderança radical, radical no compromisso e fiel ao que promete.

Sua vida produz um quadro exemplar para aqueles que estão a sua volta? É um diário vivo do que é possível? Se sua confissão pessoal é cheia de palavras negativas, um eco do tipo "isso é muito difícil", talvez sua vida esteja repelindo aqueles em quem você tem oportunidade de causar impacto. Estamos necessitados de *discipulado extravagante*! A palavra-chave aqui, muito mais que uma lista cerebral de regras e regulamentos, é *visão*.

Visão *inspira*.
Visão permite que se *veja* o invisível.
Visão lhe permite realizar coisas que *jamais sonhou* fazer.
Visão faz deixar de lado o óbvio e olhar para o sobrenatural.

Observar simplesmente uma visão requer apenas bom golpe de vista. Gerar uma visão realmente e depois cuidar de seu desenvolvimento requer *muita fé, muita força e muita sabedoria*! Uma coisa é ter visão, outra é transmitir essa visão, tornando-a real para os outros, a fim de que possam trabalhar com ela e fazê-la visão deles também.

Veja 1 Crônicas 2.1-21. O rei Davi tinha a visão *plena* plantada nele por Deus de construir o templo de Jerusalém. Ele tinha essa visão no coração. Sonhava com ela, falava dela, passou meses investindo em materiais para o projeto, recursos... sonhava com isso.

Até que um dia o próprio Deus disse para Davi "passá-lo para a próxima geração", pois a tarefa de construir o templo devia ser dada a seu filho Salomão. Davi teve de abrir mão de sua visão... com entusiasmo e sem ressentimento, não retendo nada, dando a seu filho Salomão todos os planos que Deus lhe havia revelado.

Nesse estágio da vida de Davi, ele tinha desenvolvido maturidade em Deus. Davi sabia não apenas *obedecer*, mas também ser sincero em sua obediência. A lição aqui fica ainda maior, pois Davi não só transmitiu a visão, como também incentivou Salomão:

"Seja forte e corajoso! Mãos ao trabalho! Não tenha medo nem desanime, pois Deus, o Senhor, o meu Deus, está com você. Ele não o deixará nem o abandonará até que se termine toda a construção do templo do Senhor. As divisões dos sacerdotes e dos levitas estão definidas para todas as tarefas que se farão no templo de Deus, e você receberá ajuda de homens peritos em todo tipo de serviço. Os líderes e todo o povo obedecerão a todas as suas ordens" (1Cr 28.20, 21).

O apoio e o incentivo de Davi foram altruístas e generosos... e mostraram grande força de caráter. E em 1 Crônicas 29.3 lemos:

"Além disso, pelo amor ao templo do meu Deus, agora entrego, das minhas próprias riquezas, ouro e prata para o templo do meu Deus, além de tudo o que já tenho dado para este santo templo" (1 Cr 29.3).

A liderança inspiradora de Davi continua, pois ele *doou* de sua riqueza particular para a construção do templo. O rei Davi afinal reconhecia que todas as coisas vêm do Senhor e a Ele pertencem.

Quando comunicar *visão* aos que o procuram pedindo orientação, *derrame-se* para essas pessoas permitindo que conheçam e vejam as coisas verdadeiramente *valiosas* da vida.

Às vezes, olho com respeito e admiração para nossa equipe de louvor no palco... observo esses jovens maravilhosos, *cheios* de visão, pessoas caçadoras de Deus, que lhe dão tudo, e louvo a

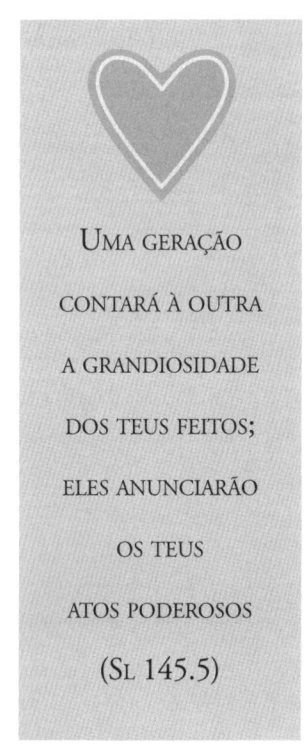

> UMA GERAÇÃO CONTARÁ À OUTRA A GRANDIOSIDADE DOS TEUS FEITOS; ELES ANUNCIARÃO OS TEUS ATOS PODEROSOS (SL 145.5)

Deus pela oportunidade de ser capaz de contribuir de alguma maneira para o desenvolvimento deles no caminho de *adoradores extravagantes*.

Nem sempre é fácil preparar e ser mentor da próxima geração, mas é exatamente para isso que fomos chamados. Temos de estar dispostos a fazer o que for preciso para vê-los crescer e se desenvolver. Temos de estar dispostos a colocar de volta a "bola" nas mãos deles quando a deixam cair e estar preparados para vê-los fazer coisas de modo diferente do que fazemos. Também não desista se demorarem um pouco para andar com as próprias pernas. Aprenda a lhes dar cobertura quando a imaturidade aparecer, quando tomam decisões ou têm atitudes que carecem de sabedoria. Você se lembra do seu "animado" caminho até a liderança?

Vou lhes contar uma ótima história sobre uma amiga minha.

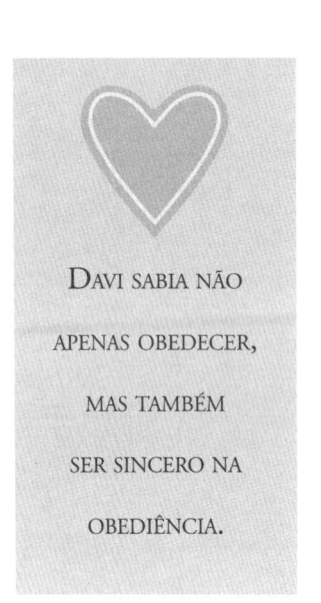

> DAVI SABIA NÃO APENAS OBEDECER, MAS TAMBÉM SER SINCERO NA OBEDIÊNCIA.

Quando ainda era muito jovem e fazia apenas algumas semanas que era cristã, perguntou ao líder de jovens se ela e um grupo de amigas suas recém-convertidas podiam fazer um número de dança na igreja. O líder foi muito gentil incentivando as belas novas convertidas e, sem sequer ver nem ouvir o que elas pretendiam fazer, disse: "*Legal*! Dancem para toda a igreja". Esse homem ficou pálido quando aquelas meninas inocentes mas muito entusiasmadas começaram a dançar ao som da música "It's raining men" [Está chovendo homens].

Como muitos já ouviram, a letra dessa música diz: "It's raininig men, hallelujah!" [Aleluia, está chovendo homens], por isso as garotas acharam que se tratava de uma música religiosa!! Ops!! A igreja ficou mortificada... mas de alguma forma vejo os céus sorrindo e se alegrando por esses bebês em Cristo terem apresentado sua oferta! Adoro isso!

Adoro garimpar lições de ouro no exemplo de homens e mulheres fortes e piedosos que dedicaram a vida ao Senhor. Pessoas como Billy Graham, por exemplo. O compromisso dele com o chamado de Deus para sua vida me surpreendeu muitas vezes, lembrando-me de viver minha vida totalmente *inflamada* para Deus. No livro "Just as I am" [Assim como estou], há um belo capítulo em que ele reflete sobre sua vida no ministério e dá alguns conselhos excelentes aos que vêm atrás dele. Diz: "Eu também gastaria mais tempo no crescimento espiritual, procurando ficar mais próximo de Deus de modo que pudesse ficar mais parecido com Cristo. Gastaria mais tempo com oração, não apenas por mim, mas pelos outros...".

Ele fala a respeito de ser muito solicitado como pregador e de como aprendeu a trabalhar com o "sucesso" no ministério. Billy Graham também menciona que teria gastado mais tempo com a família. "Cada dia que estive ausente de minha família jamais voltará. Embora muitas viagens tenham sido necessárias, algumas não foram". Que lição valiosa. Sua vida consagrada desafiou-me em vários níveis e me inspirou totalmente.

Adoro minha família. Ser mãe é uma das melhores dádivas da vida. Agora, enquanto escrevo, estou segurando minha filhinha recém-nascida, Zoe Jewel. Não dá para expressar com palavras o que sinto por ela. Zoe é adorável, cheia de vida.

O que muita gente me pergunta é: "Como você consegue... como combina casamento, maternidade e ministério?". Durante anos, tentei conciliar todos os elementos da vida. Eu sabia que havia um chamado de Deus em mim para o ministério, sabia também que ele jamais se realizaria com prejuízo de minha família. Por isso, tentei "equilibrar todas as caixas" e aprendi minha lição a duras penas. As caixas foram caindo no chão.

Não tenho mais "caixas" para o casamento, o ministério e a maternidade. Em vez disso, Deus me mostrou que há uma ordem divina para minha vida. No lugar de tentar equilibrar tudo (não há uma fórmula determinada para o equilíbrio), Deus me mostrou que tenho de acabar com a mentalidade "caixas", compartimentos da vida, e buscá-lo para ter a *ordem divina* do meu dia. Desse modo, cada dia é um dia diferente. A dinâmica muda, mas o *chamado* não. O casamento, a maternidade e o ministério, sou ungida para tudo isso (preciso escrever outro livro sobre o assunto...).

> *Instrua a criança segundo os objetivos que você tem para ela, e mesmo com o passar dos anos **não** se desviará deles* (Pv 22.6).

Eu e Mark depositamos nossa confiança nessa passagem das Escrituras. Ela funciona como projeto para criarmos nossas meninas deslumbrantes como pessoas que amam e valorizam a casa de Deus e tudo o que a casa do Rei representa.

No entanto, não faz muito tempo, vi esse versículo sob uma nova luz. Meu coração é voltado para formar e ensinar músicos e cantores da casa para se dedicarem integralmente à missão do Reino. Fazer tudo que posso para guiar cada um à revelação pessoal da honra e do privilégio de servir na casa do Rei. Isso, para um músico ou um cantor, é a maior honra de todas. Servir a Deus com alegria e desmanchar o modelo de comportamento tradicionalmente aceito de pessoa "criativa".

O versículo se revelou para mim desse modo. Cada bebê recém-nascido neste mundo nasce querendo alimentar-se. O reflexo de sucção funciona muito bem procurando aquilo que eles por conhecimento inato sabem que vai *sustentá-los*. As parteiras de todo o planeta dizem que quanto mais cedo se colocar esse precioso "pacotinho" no seio, não só o organismo da mulher começa a produzir leite, mas também o bebê experimenta a parte mais rica do leite, cheia de nutrientes necessários para manter o delicado novo ser saudável e satisfeito... que não aceita nada a não ser o melhor!

Quando pensei mais sobre isso, comecei a entender minha missão claramente no que diz respeito a orientar esses rapazes e moças de Deus. Ajudá-los a experimentar a bondade de Deus, vê-los saturados de sua presença manifesta. Ensinar e orientar, ajudar a dissipar alguns mistérios que lhes cercaram os pensamentos e as experiências durante anos e ver substituírem isso por encontros divinos. Pois, uma vez que se experimente e veja que o Senhor é bom, que se sente o sorriso de Deus por causa da oferta de louvor que lhe derreteu o coração, que se aprende que a Palavra de Deus *não pode* mentir e prevalece acima de *tudo...*

... não se quer mais nada!

De repente, tocar música apenas pela música gera uma frustração difícil de explicar para alguém que não experimentou o céu. Mas a ideia é justamente essa. Pegue as vidas confiadas a sua liderança e indique-lhes a realidade de Jesus. É possível que por algum tempo as pessoas tentem desviar-se do caminho mas, no fim, o gosto delas só se satisfará com a divina honra de servir a Cristo. Como isso é legal!

Agora que estou velho, de cabelos brancos, não me abandones, ó Deus, para que eu possa falar da tua força aos nossos filhos, e do teu poder às futuras gerações (Sl 71.18).

Uma vez, quando estava fora numa viagem ministerial, tínhamos acabado uma noite inteira de louvor e adoração e fizemos um apelo em que todas aquelas pessoas vieram à frente para aceitar Cristo. Foi fantástico! Eu vi um senhor de idade vir à frente e ele começou a soluçar. Deus me deu uma imagem das gerações que viriam depois dele e seriam afetadas por sua decisão. Choro só de pensar nisso.

O homem estava soluçando. Ele devia estar próximo dos oitenta anos, mas estava fazendo uma escolha. Deu um passo de obediência que não era só por ele, não era apenas para seus descendentes, mas mudaria os descendentes das gerações vindouras. Fiquei muito entusiasmada por ele. Ele não conseguia ver, estava acabando de nascer espiritualmente naquele momento, mas enquanto estava ali, eu o vi transformar gerações. Não é incrível?

A GERAÇÃO DE JESUS...

Extravagante no serviço
Extravagante no compromisso
... Adoradores extravagantes

Believe

I say on Sunday how much I want revival
But then by Monday, I can't even find my Bible
Where's the power
The power of the cross in my life

I'm sick of playing the game of religion
I'm tired of losing my reason for living
Where's the power
The power of the cross in my life

I'm not content just to walk through my life
Giving in to the lies walking in compromises
Now we cry out as a generation that was lost
But now is found in the power of the cross

We believe in You, we believe in the power
Of Your word and its truth
We believe in You so we lay down our cause
That our cross might be found in You

I'm not satisfied doing it my own way
I'm not satisfied to do church and walk away
I'm not satisfied, there's no love in my life but You

I'm not satisfied living in yesterday's hour
I'm not satisfied to have the form,
but not the power
I'm not satisfied, oh Lord I am crucified in You

Creia

No domingo eu digo que quero muito o avivamento,
Mas na segunda, não consigo nem achar minha Bíblia
Onde está o poder
O poder da cruz em minha vida?

Estou cansada de brincar de religião
Cansada de perder a razão de viver
Onde está o poder
O poder da cruz em minha vida?

Não estou contente de passar pela vida
Cedendo às mentiras, fazendo concessões
Agora clamamos como uma geração que estava perdida
Mas agora se encontrou no poder da cruz

Cremos em ti, cremos no poder
Da tua Palavra e sua verdade
Cremos em ti, por isso nos entregamos
Que nossa cruz se encontre em ti

Não estou satisfeita fazendo as coisas do meu jeito
Não estou satisfeita de ir à igreja e voltar
Não estou satisfeita, não há outro amor em minha vida a não ser a ti

Não estou satisfeita de viver no passado
Não estou satisfeita de ter a forma,
Mas não o poder
Não estou satisfeita, ó Senhor, estou crucificada contigo

Capítulo 9

CONTROLAR AS EMOÇÕES

Se você é alguém abençoado com o dom da criatividade, sabe que nosso lado emocional ou "sentimental" é o que realmente nos faz bons naquilo que fazemos. Mas nossos pontos fortes sempre têm potencial para ser nossa "ruína". Quantas vezes você se sentiu deprimido, com raiva ou desnorteado depois de cantar ou tocar e achar que não foi bom? Ou talvez tenha sonhado e a realidade deixou a desejar, frustrou sua expectativa. Talvez esteja ouvindo uma canção na mente e não consegue passá-la para o papel. Talvez você tenha estabelecido uma meta e quando não a atingiu, desistiu, e isso está fazendo que seu lado emocional fique negativo. Não sei de você, mas passei por isso muitas e muitas vezes. Durante muito tempo deixei esse meu lado emocional começar a controlar em vez de eu assumir o controle.

Fiquei muitas vezes naquela depressão, talvez por uma hora, um dia, uma semana ou um mês. Para alguns de vocês, têm sido anos de pensamento opressivo atrapalhando. Toda vez que isso me acontece, sempre penso comigo mesma depois: "Isso é tão idiota, não quero ser esse tipo de pessoa. É perda de tempo, perda de energia e, como pessoa criativa, tenho certeza de que não faz parte do plano divino eu viver desse jeito".

Músicos, escritores, pintores, bailarinos, artistas em geral sempre são rotulados de temperamentais, centrados, intensos, apaixonados, emocionais, frágeis, estranhos e muito suscetíveis. Quando visitamos uma galeria de arte, quase sempre vemos ou ouvimos artistas descritos como artistas "torturados", pessoas que vivem em confusão e tormento. Seu lado artístico, emocional, é a parte que gera essa profundidade de expressão mas também pode ser sua maior ruína.

Este é um salmo de um artista

Ó Senhor, Deus que me salva, a ti clamo dia e noite.
Que a minha oração chegue diante de ti;
inclina os teus ouvidos ao meu clamor. Tenho sofrido
tanto que a minha vida está à beira da sepultura!
Sou contado entre os que descem à cova;
sou como um homem que já não tem forças.
Fui colocado junto aos mortos, sou como
os cadáveres que jazem no túmulo, dos quais já não
te lembras, pois foram tirados de tua mão.

Puseste-me na cova mais profunda, na escuridão
das profundezas. Tua ira pesa sobre mim;
com todas as tuas ondas me afligiste.

Afastaste de mim os meus melhores amigos e me tornaste
repugnante para eles. Estou como um preso que não pode
fugir; minhas vistas já estão fracas de tristeza.

A ti, Senhor, clamo cada dia; a ti ergo as minhas mãos.
Acaso mostras as tuas maravilhas aos mortos?
Acaso os mortos se levantam e te louvam?
Será que o teu amor é anunciado no túmulo,
e a tua fidelidade, no Abismo da Morte?
Acaso são conhecidas as tuas maravilhas na região
das trevas, e os teus feitos de justiça,
na terra do esquecimento?

*Mas eu, Senhor, a ti clamo por socorro;
já de manhã a minha oração chega
à tua presença. Por que, Senhor,
me rejeitas e escondes de mim o teu rosto?*

*Desde moço tenho sofrido e ando perto da morte;
os teus terrores levaram-me ao desespero.
Sobre mim se abateu a tua ira; os pavores que me causas
me destruíram.
Cercam-me o dia todo como uma inundação; envolvem-me
por completo.
Tiraste de mim os meus amigos e os meus companheiros;
as trevas são a minha única companhia* (Sl 88).

Você já teve dias como esse? Parecem intermináveis. Pessoalmente, adoro o Salmo 89: "Cantarei para sempre o amor do Senhor". Muito melhor!

Quando uma pessoa criativa, um temperamento criativo, não está rendido ao Espírito Santo e ao senhorio de Cristo, o Salmo 88 é o que realmente se vê no futuro de muitos, porque as pessoas criativas tendem a fazer as coisas do seu jeito e começam a chafurdar. Você sabe que Deus diz que coloca os solitários em famílias? Acredito realmente nisso para as pessoas criativas. Quando rendemos nossa vida a Deus, Ele nos coloca uns perto dos outros de maneira que somos bons uns para os outros e podemos começar a cantar juntos da grandeza e do amor do Senhor. Ter momentos de recolhimento sozinhos para a maioria das pessoas criativas é uma grande necessidade na vida. Não sei de você, mas mais de noventa por cento das pessoas criativas que conheço gostam de isolamento. Gostam de ficar sozinhas, desfrutam os momentos em que ficam a sós com seus pensamentos e sua criatividade e começam a escrever, tocar, sonhar, imaginar... expressar-se por meio da arte. Mas quando isso não é entregue a Deus, ou quando se trata apenas de egoísmo, passa a ser algo muito destrutivo. A solidão é muito boa quando submissa aos padrões do Senhor, se você a entrega a Jesus Cristo.

Quando Michelangelo tinha 22 anos, escreveu ao pai e disse: "Não se admire se algumas vezes escrevi cartas nervosas, pois sofro quase sempre de angústia e mau-humor". Um jovem de 22 anos brilhante, mas escreveu isso. Em essência, estava dizendo: "Não se preocupe, pai. É algo que ocorre comigo e não sei bem o que fazer".

Quase sempre a manifestação é em ira e negativismo em vez de coisas boas. Van Gogh era maníaco depressivo e suicidou-se aos 37 anos. Ter ficado solitário o deixou incapaz de lidar consigo mesmo. É trágico, e é o outro extremo da escala. Mas é o que pode ocorrer com uma força ou uma mente criativa. Acho que é por isso que as pessoas criativas sempre são mal-entendidas. Mas há um meio de controlar as emoções e canalizá-las para Cristo, em vez de voltá-las para dentro de você mesmo e jamais submetê-las ao poder de Jesus.

Como cristão criativo, saudável e amante da Palavra, quando você submete a vida a Cristo ainda continuará tendo uma gama de emoções. O objetivo é não deixá-las controlarem você, mas submetê-las ao Senhor.

> HÁ UM MEIO DE CONTROLAR AS EMOÇÕES E CANALIZÁ-LAS PARA CRISTO.

Não se entristeçam, porque a alegria do Senhor os fortalecerá (Ne 8.10).

E eu lhe digo que é a pura verdade. Não sou, na verdade, uma pessoa muito deprimida, sou uma pessoa "para cima". Mesmo antes de ser salva, era uma pessoa alegre. Mas, porque sou artista, nunca soube lidar com a melancolia que surgia em mim. Eu compunha canções e escrevia letras, mas toda vez que estava sozinha, ficava muito, muito escuro e eu nunca sabia o que fazer. Só quando fui salva é que Cristo deu perspectiva ao meu mundo. Jesus me deu perspectiva, a música não. O sucesso também não, nem o dinheiro, nada disso deu perspectiva ao meu mundo.

Cristo deu perspectiva ao meu mundo, e só quando deixei isso funcionar realmente nas minhas emoções é que vi a revolução. Na verdade, tive de parar de cantar por um breve tempo logo que fui salva porque não tinha muita certeza de como as coisas funcionavam. Minha estrutura emocional estava procurando trabalhar com tudo isso. Como poderia cantar sob o senhorio de Cristo se eu sempre fiquei voltada para dentro de mim mesma? Mas, submetendo-me ao senhorio de Cristo, Ele me disse: "Não. Não faça isso. Essas emoções negativas vão se curvar ao meu senhorio".

> QUANDO AS EMOÇÕES CHEGAM AO MÁXIMO, INSTALA-SE UMA ATITUDE NEGATIVA.

Quando suas emoções chegam ao máximo, instala-se uma atitude negativa. Você pode pensar que é outra coisa, mas é isso mesmo. Recuso-me a ser conhecida como uma pessoa negativa só porque sou artista. Isso é mentira. É preciso lutar contra esse sentimento em nossa vida.

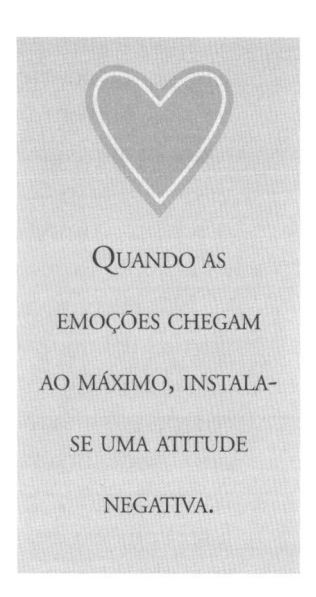

Outra coisa que em geral tenta dominar uma pessoa criativa é sua inclinação para chamar atenção. Isso passa a ser uma necessidade a ser suprida. Eu era claramente assim. Não era muito negativa, mas precisava de atenção. Como artista, se essa atenção não é suprida pelo seu talento, você começa a procurá-la dizendo a todo o mundo que lhe falta talento, esperando ansiosamente que as pessoas o contradigam! Isso se chama "falsa modéstia" e é na verdade uma forma de orgulho.

Quando as emoções de uma pessoa chegam ao máximo, ela começa a ficar pessimista. Começa a ver o lado ruim de tudo. Outro dia, eu estava lendo os formulários de respostas do seminário Hillsong porque queria mesmo saber a opinião das pessoas. É muito engraçado, pois se vê de fato o espírito das pessoas quando elas preenchem formulários de respostas. Noventa por cento dos formulários são positivos, e é muito interessante quando se encontra um ruim. Mesmo quando trabalhamos arduamente para garantir um alto padrão, quero realmente saber se há coisas que precisam ser melhoradas!

Enfim, encontrei um formulário que era simplesmente hilariante. Essa pessoa deve ter tido o pior dia da vida dela! Numa escala de um a dez, esse homem anotou um no formulário inteiro. Para tudo! Criticou todos os pregadores estrangeiros que tínhamos convidado e sugeriu que todos pegassem o avião de volta para a terra deles! Depois de ler, descrente, comecei a sentir por esse homem e desejei sentar-me com ele e dizer: "Como você está? O que está acontecendo no seu mundo?".

Não era porque ele tinha sido crítico com o que tínhamos feito – eu queria melhorar! Tudo que escreveu não se baseava em nada específico que tivéssemos feito mal, baseava-se no seu terrível caos emocional, e seu mundo inteiro estava nublado. Era alguém que pertencia ao corpo docente de uma faculdade de arte, e estava muito claro que se tratava de um artista frustrado que não sabia o que mais fazer. Em vez de lidar com seu estado emocional, ele pensou em lançá-lo sobre tudo em volta para se sentir melhor. Que jeito terrível de viver!

Um dos piores efeitos de deixar as emoções chegarem ao auge é que a pessoa se sente separada de Deus. Quando as coisas vão bem, o indivíduo acha que Deus gosta dele. Mas se as coisas vão mal, pensa que Deus está com raiva.

> *Como a cidade com seus muros derrubados, assim é quem não sabe dominar-se* (Pv 25.28).

Se lhe falta autocontrole do estado emocional, é como uma cidade cujos muros caíram, é um estado caótico para viver. Quero lhe transmitir algumas informações que são úteis para controlar suas emoções, para que como artistas caminhemos para a frente, fortes e seguros.

Meu marido, Mark, adora comprar livros. Seus livros são fantásticos. Ele me deu um chamado *Master musicians, stories of romantic lives* [Mestres da música, histórias de vidas românticas]. É muito bonito. Eu estava folheando esse livro e li as histórias de Bach, Schubert, Mozart e Beethoven. Muitos desses músicos tinham uma vida emocional caótica. Eles ficavam malucos e deixavam todos em volta dele também malucos!

Havia algumas exceções, mas eu pensei: "Senhor, estamos vivendo num novo tempo em que os músicos e cantores precisam ser fortes. Para permanecer na linha de frente, ser arautos de Deus na Terra. Para fazer aquilo para que fomos chamados; sair e proclamar as boas novas do evangelho, adorar e louvar. Não podemos apenas ser 'histórias de vidas românticas'. Temos de ser testemunhos vivos da grandeza de Deus". É exatamente isso que almejamos. Quando você renunciar essa parte emocional de sua vida, vai descobrir que é capaz de permanecer forte.

Por ter recebido o privilégio da liderança, tive de aprender a trancar muitas vezes o meu lado emocional, pois, se não fizer isso, não vou conseguir liderar com eficiência. Quero ser compassiva e amorosa o tempo todo, mas, na verdade, isso não ajuda quando se quer ser líder, pois é preciso ser forte. É preciso pegar as pessoas e lhes dar responsabilidade, não passar muito tempo conversando sobre as desventuras da vida delas. Na verdade, queremos tirar os olhos delas disso, levantá-las e fazê-las caminhar em frente. Às vezes, o lado "mole" de ser músico e o lado forte de ser líder entram em conflito entre si, pois por um lado queremos afagar e, por outro, queremos corrigir! Aqui vão algumas dicas práticas para aprender a controlar as emoções.

Habite na verdade

O Salmo 51.8 diz: "Faze-me ouvir de novo júbilo e alegria" [não melancolia e maldição] (Acrescentado). Em geral, o coração criativo corre primeiro em defesa do prognóstico desastroso, e se não houver um líder a seu lado para dizer: "Tudo bem, vamos dar uma olhada na alegria e na felicidade", você fica parado na melancolia desastrosa. Se precisar, aprenda a orar como Davi: "Senhor, ajuda-me a ouvir primeiro a alegria e o júbilo, e não sempre o lado ruim". Essa oração vai começar a transformar sua vida porque Deus é um Deus que responde às orações.

Decida que *vai* correr primeiro para a alegria e o júbilo. Discipline a mente e aprenda a habitar na verdade.

O que me ajudou *muito* foi meditar no Salmo 139. É um salmo que trata de autoestima e, durante anos, eu vivi nesse salmo.

Tu me cercas, por trás e pela frente, e pões a tua mão sobre mim.
Tal conhecimento é maravilhoso demais e está além do meu alcance;
é tão elevado que não o posso atingir
Tu criaste o íntimo do meu ser e me teceste no ventre de minha mãe.
Eu te louvo porque me fizeste de modo especial e admirável.
Tuas obras são maravilhosas!
Digo isso com convicção.

Meus ossos não estavam escondidos de ti quando em secreto fui formado
e entretecido como nas profundezas da terra.
Os teus olhos viram o meu embrião; todos os dias determinados para mim
foram escritos no teu livro antes de qualquer deles existir.

Sonda-me, ó Deus, e conhece o meu coração;
prova-me, e conhece as minhas inquietações.
Vê se em minha conduta algo te ofende,
e dirige-me pelo caminho eterno (Sl 139).

Guia-me, Senhor, porque sabes que eu erro. Sabes que posso ir atrás da tristeza. Ensina-me a ir na direção da excelência. Ensina-me a ser uma pessoa forte. Ensina-me, Deus, a render minhas emoções a ti, a habitar na verdade.

Desenvolva sua vida invisível de adoração

C. S. Lewis define a adoração como "a saúde interior que pode ser ouvida". Não é adorável? Seu estado emocional fica diferente à luz de quem é Deus. Mas muitas vezes o observamos à luz de quem é outra pessoa. Fazemos comparações.

Adoração é a experiência e a emoção mais desprendida, abnegada, de que nossa natureza é capaz. Você precisa aprender a adorar quando estiver se sentindo fraco. Adorar, quando estiver se sentindo frágil. Quando em seu tempo de recolhimento, ou de criatividade, houver um momento sombrio, adore. Quando estiver irado, comece a adorar. Quando estiver desapontado, comece a louvar.

Tenha senso de humor

Você já viu aqueles programas de vídeos na TV, em que alguém muito sério vai se apresentar ou cantar e faz alguma coisa embaraçosa, como, por exemplo, cair do palco? (Se alguma vez tiver oportunidade de conversar com Steve McPherson, peça-lhe para contar a história de quando "caiu do palco"...). Foi muito engraçado! É em momentos assim que se pensa: "Cara, ele vai precisar mesmo de muito senso de humor agora". Para a maioria das pessoas, suas "falhas" não vão ser tão dramáticas, mas muitos artistas se torturam com a coisa mais insignificante durante semanas. *Todos* nós já fizemos isso!

Às vezes, você só precisa ter senso de humor, pois todo mundo comete erros. As melhores pessoas cometem erros e são grandes porque aprendem com eles. É isso que as faz grandes. Se fosse possível, seria bom cometer os erros quando estamos sozinhos, mas em geral não é assim que acontece! Infelizmente, se você é líder, a maior parte de seus erros serão *bem* públicos!

Pare de se matar por causa dos erros, você vai se lembrar deles durante muito mais tempo que qualquer um. Se você se levar tão a sério, isso *vai* acabar com você. Você tem de ser capaz de dar boas risadas de você mesmo. Eclesiastes 7.16 diz: "Não seja excessivamente justo nem demasiadamente sábio; por que destruir-se a si mesmo?". Adoro esse versículo. "Nem tanto ao mar, nem tanto a terra", porque tudo passa. Por que destruir-se? Provérbios 17.22 diz: "O coração bem-disposto é remédio eficiente".

Precisamos ter bom senso de humor. Nunca me esqueço da vez em que gravávamos um álbum e estávamos bem no meio da adoração. Eu estava cantando e tudo que conseguia enxergar era a assistente de palco fazendo sinal para mim dizendo que tínhamos de parar. Eu pensei: *Parar? Estamos no meio do louvor? Parar seria muito ruim agora!* Mas ela continuou fazendo sinal para mim e disse: "Mark está dizendo que você tem de parar". Se Mark me diz para parar, eu paro, porque sou uma boa esposa. Então fui até lá e perguntei: "Sim, qual é o problema?", esperando algum tipo de falha técnica e que tínhamos de recomeçar a canção ou algo assim. Não se esqueça que estávamos no meio da adoração e a igreja toda estava esperando, querendo saber o que estava acontecendo. Nunca me esqueço das palavras da assistente: "Temos de arrumar seu cabelo".

Eu fiquei tão embaraçada! Então, a igreja inteira teve de arrumar os cabelos... Eu imaginava que se eu tivesse de "arrumar" os meus, todos eles também podiam fazer o mesmo. Tentamos levar isso na esportiva, mas eu fiquei tão embaraçada e pensei mais tarde: *feliz a igreja que tem senso de humor.*

CERQUE-SE DAS PESSOAS CERTAS

Procure colocar-se num ambiente em que você possa rir, ser estimulada e onde seus dias de melancolia não sejam tolerados. É por isso que Jesus foi tão bom em nos dar a igreja. Imagine ser salvo e ficar cada um por si! Precisamos da igreja, precisamos de equilíbrio, de família, de equipe. Precisamos uns dos outros. Precisamos ser colocados nesse ambiente que nos faz crentes fortes, nesse ambiente que nos faz quem somos, que nos permite crescer. Precisamos da Palavra em nós para ficarmos fortes e não ser controlados por nossas emoções.

Quando eu ainda cantava profissionalmente no meio secular, muitas vezes havia situações em que as pessoas não eram crentes, apenas artistas brilhantes e talentosos. Na primeira hora, todos iam bem, trabalhavam duro e estavam bem emocionalmente. Mas notei muito depressa que na segunda, terceira e quarta horas, as coisas começavam a ficar tensas porque aquelas pessoas não tinham visão tridimensional da vida delas. Tinham apenas a perspectiva bidimensional. Se não fossem bem, se acabavam. Não era isso em si que me preocupava. Era quando iam para casa sozinhas, à noite, quando se viam ao lado daqueles pensamentos e não tinham nenhum recurso redentor para esconder o mundo deles. O mundo de um artista não-redimido pode ser muito cheio de culpa.

Aprenda a se colocar em torno de pessoas muito boas que lhe ajudem realmente, pessoas que o desafiem e o estimulem. Adoro o estilo de liderança do pastor Brian. Para um artista, é um estilo mais duro de liderança para curto prazo porque é bem confrontador. Mas em longo prazo é fantástico. Se cometemos um erro, ele não diz: "Ah, colega, entendo que você tentou, que investiu tempo, vamos orar por isso". Não. Está mais para: "Que foi isso? Foi horrível! Não repita!". Ele é bem aberto e não é nada pessoal nem com intenções obscuras. Ele acha que você é a mesma pessoa maravilhosa, mas "vamos fazer as coisas diferentes da próxima vez". É um estilo fantástico de liderança para artistas corajosos.

Se você não quer ser desafiado e quer ficar aquém da linha, então não entre; mas eu lhe digo sou muito grata pela liderança forte. Muito grata, porque sei como sou sem ela. E não é nada bom. Sei que ter sido colocada com meu marido, que é um homem forte, foi a melhor coisa. Ser cercada de liderança forte e amigos que riem comigo tem sido minha graça salvadora.

APRENDA A LIDAR COM A DECEPÇÃO

Na igreja, se você não se sente realizado musicalmente ou acha que é negligenciado, o problema não é com a igreja. Também não é com seus líderes, o problema é com você! Aprendi que, se minha atitude é correta, todas as minhas ambições musicais podem realizar-se na igreja local. E não porque nossos álbuns têm sucesso. Aprendi a lição muitos anos atrás. Tem a ver com nosso coração e a motivação encontrada na igreja. Tem tudo a ver com você e como lida com isso.

Você precisa compreender que tem o privilégio de estar envolvida em algo que tem importância eterna. Vislumbre isso e não procure apenas o que é gratificante do ponto de vista artístico. Se conseguir ter um vislumbre de que o que fazemos tem importância eterna, vai aprender a engolir em seco, ter espírito livre e crescer na fé, no amor, na paciência e no contentamento.

Gosto muito do que Paulo disse a respeito da decepção: "Aprendi a adaptar-me a toda e qualquer circunstância" (Fp 4.11). No que se refere a decepção, precisamos aprender a ficar contentes onde estamos e continuar sendo fiéis. Fora da igreja, fora da aliança de Cristo, temos de correr atrás do que queremos, temos de suar a camisa e "qualquer um no nosso caminho tem de ser eliminado". Tudo sou eu, eu, e mais eu. Na igreja, na economia de Deus, é tudo ao contrário.

A realização duradoura é edificada na base de ser contente e fiel a tempo e fora de tempo. Tenho visto o contrário disso repetidas vezes, e isso cansa as pessoas. Alguém trabalha com a equipe durante um breve tempo e depois fica descontente, decepcionado e não-realizado porque está procurando a realização de forma errada. Depois sai do grupo. Fica fora por um tempo, depois volta e tenta novamente. Fica mais um tempo e depois se torna muito difícil. O ciclo de sonhos não realizados começa novamente: descontentamento, sentimento de ser incompreendido, "usado" pela igreja... que tipo de problema é este afinal? Você tem orado a vida inteira: "Senhor, usa-me". Não comece a reclamar quando Ele responder à sua oração e começar a usá-lo!

Você precisa aprender a lidar com a decepção. Isso é algo que precisa ser submetido, e precisa fazê-lo de joelhos diante do Senhor. Enquanto não abandona essa atitude e morre para alguma coisa e não diz: "É verdade Senhor. Todos esses anos eu disse isso, mas na verdade eu tinha segundas intenções. Dessa vez, estou sendo sincero, quero fazer o que for preciso para edificar o teu Reino". Enquanto você não é sincero, vai continuar frustrado ou desapontado porque nada vai funcionar do jeito que imaginava. Os caminhos de Deus são mais elevados que os nossos caminhos. O tempo dele é *sempre* perfeito.

Às vezes, você terá de refrear a boca e pensar: "Não vou mais confessar. Não vou mais falar assim. Vou apenas meditar nas coisas excelentes de Deus e deixar que Ele aja". Precisamos aprender a largar mão e fugir dessa decepção para sermos fortes e eficientes na igreja. Isso é libertador. Aprenda a ficar contente com pouco ou com muito e descobrirá que ficou mais forte

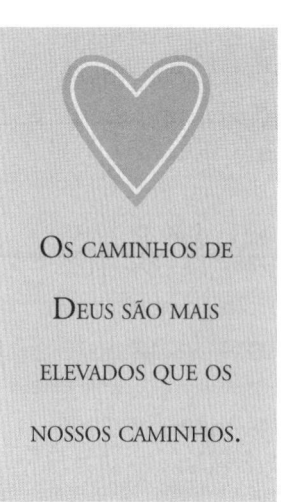

Os caminhos de Deus são mais elevados que os nossos caminhos.

emocionalmente. Você não quer ser um mestre da música e ter o registro de sua trágica história num livro como o gênio atormentado. Temos uma promessa de aliança de que não precisamos viver dessa maneira. Não mesmo.

Se não aprender a controlar as emoções, no final, ficará decepcionado com você mesmo. Nunca estará à altura do que deseja e, principalmente, não atingirá seu destino. Ficará andando em círculos, sendo sempre levado na vida pelas emoções.

Aprenda a edificar sua vida sobre algo mais forte que suas instáveis emoções.

Encaro isso como um desafio para minha própria vida: controlar minhas emoções em vez de ser controlada por elas.

Como artista, para ver meu sonho realizado, tive de aprender e ser muito disciplinada para manter as coisas simples. Tive de aprender a manter as coisas descomplicadas.

Como parte de uma equipe criativa, muitas vezes, quando se tem todos os cérebros no mesmo espaço, fica perigoso!

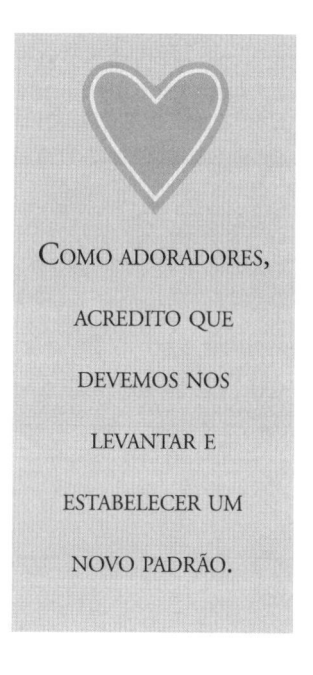

> COMO ADORADORES, ACREDITO QUE DEVEMOS NOS LEVANTAR E ESTABELECER UM NOVO PADRÃO.

Em geral nosso coração está procurando a coisa certa, mas deixamos o intelecto interferir. Tive de aprender que algumas coisas precisam ser procuradas intelectualmente e outras buscadas com a simplicidade de uma criança.

Se aprender a agir assim, vai ficar livre daquelas "segundas-feiras negras". Aqueles dias em que você se afunda na autocomiseração. Associo essa ideia com o Linus, personagem da Turma do Minduim que anda debaixo de uma nuvem permanente. Para mim, se parece com uma segunda-feira de melancolia.

Às vezes, quando achava difícil sair da "terra da melancolia" e sabia que o inimigo estava pulando por trás e procurando roubar meu sonho, tinha de me levantar e derrubar minha tristeza. Tinha de gritar e derrubá-la dizendo: "Você não vai mandar eu mim, eu vou mandar em você". Como artista, esse lado melancólico do meu temperamento ajuda a ir ao fundo de meus sentimentos e derramá-los numa canção, mas não posso deixá-lo controlar minhas emoções. Por isso, nesses momentos, quando me sinto arrasada, eu grito. Enterro essa tristeza com um grito e declaro que ela vai curvar-se ao nome de Jesus.

Descubra o poder de controlar suas emoções para poder levantar-se em espírito e em verdade como adorador extravagante!!

Lord, I give myself

Lord I give myself
I trust in You mighty God
My Savior
And your mercy and love
Overflows and my soul rejoices

Lord show me your ways
Guide my steps
Lead me to your righteousness
And the light of your love
Takes my fear away
'Cause I know You walk before me

Oh my shepherd
You let me rest in Your arms, You comfort me
And everywhere that I go
I'm not alone might God
I know you're with me

Senhor, eu me entrego

Senhor, eu me entrego
Confio em ti, poderoso Deus,
Meu Salvador
Tua misericórdia e teu amor
Transbordam, e minha alma se rejubila

Senhor, mostra-me teus caminhos
Guia meus passos
Guia-me para tua justiça
E a luz do teu amor
Afasta meus medos
Pois sei que andas adiante de mim

Ó meu Pastor
Tu me deixas descansar nos teu braços, tu me consolas
E a todo lugar que vou
Não estou só, poderoso Deus,
Sei que tu estás comigo

Capítulo 10

SONHOS E DESEJOS

O Senhor está perto de todos que o invocam,
de todos os que o invocam com sinceridade.
Ele realiza os desejos daqueles que o temem; ouve-os
gritar por socorro e os salva (Sl 145.18, 19).

Você sabe para que nasceu? Para fazer o quê? Você conhece o desejo que existe em você?

O Salmo 37.4 nos diz que Deus anseia nos conceder o desejo de nosso coração. Ele anseia por isso. O desejo é uma força muito poderosa em nossa vida, plantada por Deus para nos fazer ir atrás de nossos sonhos. Para direcionar nossa vida e nos impulsionar na direção do destino que Deus nos deu (Ef 1.11). No Salmo 37, lemos que enquanto nos *deleitamos* no Senhor (o coração de um adorador), Ele é fiel a sua promessa.

Qual é seu desejo íntimo? Você deixou esse desejo viver, encontrar a vida que necessita para se realizar? Muitas pessoas lutam para saber para que nasceram, e muitas vezes podemos complicar a situação. Deus não fez nada difícil, nós é que complicamos! Pergunte-se o seguinte:

"Qual o meu talento? O que eu *adoro* fazer? Esse desejo está de acordo com a Palavra de Deus? Posso vê-lo em minha vida? A finalidade do meu desejo vai edificar o Reino de Deus?" (busque o Reino de Deus em primeiro lugar).

> DEUS É O SUPREMO REALIZADOR DE SONHOS.

No início da minha vida cristã, houve muitos anos em que tentei a todo custo dizer *não* ao meu profundo *desejo* de me engajar na música de adoração. Como já disse antes, não é porque eu não gostasse de tocar, cantar ou compor; eu adorava tudo isso. Mas acho que era meu conflito. Eu gostava muito de tudo e não tinha a disposição necessária para dizer "não" à ambição pessoal em favor de edificar algo muito mais excelente que eu pudesse compreender... o Reino de Deus.

Até eu aprender a ter prazer no Senhor, meu desejo de musicista existia, mas eu estava esperando uma oportunidade... sem nenhum rumo definido. Semana após semana, mês após mês, aprendi a *confiar* em Deus. Não em homens nem em programas, mas em Deus, o Criador do céu e da Terra.

Quando Ele me corrigiu em amor, ministrou para mim e me guiou mansamente de volta ao caminho do Reino, descobri que Ele era realmente o dono do meu coração. Com essa capacidade de entendimento, eu vi a mão de Deus fazer minha vida *crescer*. Esse crescimento ocorreu de maneiras melhores que apenas oportunidades musicais. Veio em forma de confiança, unção, dom, capacidade, deu asas a meus sonhos e desejos. Mas foi preciso diligência, disciplina e aceitação da graça divina.

Deus é o supremo realizador de sonhos. Ele plantou o sonho dele em você para fazê-lo levantar-se de manhã. Plantou-o para que você pudesse subir os montes e atravessar os vales. O inimigo é um ladrão de sonhos, e eu sei que muita gente acha que muitos sonhos seus foram roubados. Viver sem eles é viver sem futuro.

Onde não há revelação divina, o povo se desvia (Pv 29.18).

Deus quer recuperar seus sonhos. Certa vez, ouvi Tommy Barnett dizer: "Se seu sonho é muito grande, é porque é de Deus". Não é genial? Se seu sonho não é muito grande para você, não precisa de Deus para realizá-lo! Se seu sonho é enorme, e você acha que talvez não seja possível para sua vida, eu lhe garanto que é um sonho de Deus. O Espírito Santo quer dar vida a seus sonhos, sonhos que talvez as circunstâncias tenham abafado com uma tampa, mantendo-os fechados na "pilha do impossível". Deus vai retirar essa tampa e vai deixá-lo sonhar novamente.

Nascida com um sonho

Acredito que nasci para trazer um novo cântico para a casa de Deus. Não acreditava nisso no início, era apenas um sonho, mas de vez em quando tinha um vislumbre de sua realização... no meu íntimo.

Aos quinze anos de idade, a semente do sonho foi plantada no meu coração, quando me converti por meio do programa *Royal Rangers Youth*. Ainda me lembro nitidamente. Lembro-me de ter ido à igreja depois de ter tomado essa decisão e do cântico que ouvi a igreja cantar: "Ouço o som do exército do Senhor...".

A congregação cantou-o várias e várias vezes e eu entrei para ver as Escrituras literalmente ganharem vida. Enquanto a igreja se reunia em nome de Jesus e em uníssono, num só acorde, eles se levantavam e cantavam. Com apenas quinze anos de idade, eu ouvi um novo som. Meus ouvidos estavam acostumados à música, mas eu ouvi um novo som. O som do exército do Senhor começando a se levantar.

Desde esse dia, a semente de um sonho foi plantada em mim. A razão por que nasci foi plantada em mim. E a partir daí tenho descoberto essa verdade: "Quem sabe se não foi para um momento como este que você chegou à posição de rainha?" (Et 4.14).

Não sei em que idade a semente de seu sonho foi plantada em você, mas ela foi plantada. Se não tivesse sido, você não estaria lendo este livro. Houve um tempo em que foi plantada a semente, e em algum ponto ao longo dessa linha ela pode ter sido enterrada. Sou muitíssimo grata pelo Espírito Santo que continuamente me atraiu de volta: "Não, não. Volte aqui. Pare de fazer as suas coisas, volte aqui e dê vida a esse sonho, pois foi para isso que você nasceu".

Eu ouvi em meu espírito. Não ouvi com os ouvidos naturais. Você se lembra quando ouviu pela primeira vez? Quando você ouviu o novo som pela primeira vez, o som da adoração? Você se lembra da primeira vez em que o ouviu? Você não o ouviu com os ouvidos naturais, ouviu com o espírito. Ouviu-o no seu íntimo. A parte que só Deus pode preencher. São os "ouvidos" com que você ouviu. Todos esses anos eu ouço um cântico semelhante surgindo em todas as nações, tribos e línguas. Deus está restaurando o cântico do Senhor a seu lugar de direito. Ele está chamando os músicos dizendo: "Venha e assuma seu lugar". Está chamando seus cantores: "Venha e cante a minha canção. Venha e faça aquilo para que nasceu... venha e deixe viver o sonho que eu plantei em você".

Anotei meu sonho, e o único motivo por que ele muda é que continua ficando cada vez maior! É uma excelente coisa para fazer: "Escreva claramente a visão" (Hc 2.2). Anotar o meu sonho não vai adiantar nada para você, mas o seu sonho vai.

Uma das coisas que anotei de meu sonho é que vou ter parte importante a desempenhar para transformar não apenas o rosto, mas o coração de cada adorador em cada igreja do planeta. Que terei uma parte importante a desempenhar na formação dos melhores grupos de adoração, os melhores compositores que já honraram o céu com canções. Grupos que têm a revelação do poder do louvor e da adoração. Que o exército de adoradores de Deus não mais lute com o chamado divino para sua vida, mas se fortaleça no propósito divino. Quero ter minha parte em transformar corações, dirigir as pessoas para Cristo em cada passo que derem, em cada movimento de respiração. Esse é apenas um pedacinho de meu sonho...

Já cantei em muitos lugares e em muitos projetos de que não me orgulho. Só me deixaram vazia, não-realizada. Estava ganhando muito dinheiro mas não estava realizada porque Deus tinha gerado um sonho em mim. Ele me colocou aqui como adoradora, adoradora do Rei dos reis. Não estou condenando ninguém que use os dons em outros lugares. Isso diz respeito somente a mim. No íntimo eu sabia que não tinha nascido para fazer aquilo. Adoro todo tipo de música, mas música sem finalidade para o Reino não me realiza, pois quero usar minha vida apenas para exaltar a Deus. Quero usar minha vida para exaltar o nome de Cristo e levar as pessoas ao maravilhoso amor de Deus.

Deus é o supremo realizador de sonhos, mas eu tinha uma parte clara a desempenhar. Sabe o que eu tinha de fazer? Por que Deus me permitiu ver um pouquinho do meu sonho? Houve muitas escolhas certas e muitas pessoas boas a minha volta chutando-me o traseiro quando eu fazia escolhas ruins. Estou lhe dizendo isso porque quero que você tenha êxito na vida e veja seu sonho realizar-se.

A melhor coisa que tenho na vida, além de Jesus e minha família, é nossa equipe. Deus colocou você num grupo. É uma designação divina. Quando eu e Mark começamos a frequentar nossa igreja, eu não era flexível... tentei entrar na equipe de louvor com base nas condições que eu estabeleci. Acabei me retirando do grupo porque estava tudo muito difícil.

> "QUEM SABE SE NÃO FOI PARA UM MOMENTO COMO ESTE QUE VOCÊ CHEGOU À POSIÇÃO DE RAINHA?"
>
> (ET 4.14)

Compromisso com um grupo é de fato "morrer para si", e eu lutei com isso. Eu fazia todo tipo de *atividades* com a equipe... até um programa especial de Natal. Eu fazia o que era preciso, mas não estava comprometida com a equipe. No entanto, Deus sabia que para eu ver o sonho que Ele havia gerado em mim, o sonho que pretendia realizar, eu tinha de morrer. Eu precisei fazer isso continuamente até que consegui ser, e ainda sou, parte de uma equipe que permitiu trazer meu sonho à tona.

Amo nossa equipe de louvor... não parece que ela mudou muito, mas com certeza cresceu. Depois de muito tempo juntos, ainda permanece o mesmo núcleo de pessoas. Na verdade, eu estava tentando lembrar-me das pessoas que perdemos durante os anos e descobri que foram somente algumas. Isso não é esplêndido? Isso não é testemunho de outra coisa a não de ser da grandeza de Deus e de quanto sua disciplina em nossa vida é para nosso bem, a fim de que Ele veja o sonho realizado. Você pode ver seu sonho se realizar sendo parte de uma equipe do Reino. O grupo é essencial na vida.

Vejo pessoas diferentes em todas as partes do mundo, pessoas que jamais reencontrei, que jamais verei novamente e que vieram a alguma das noites de louvor de Hillsong. Lembro-me de ter estado numa bela igreja batista dos EUA no ano passado. Todos estavam empolgados por estarmos lá, mas nós oramos: "Pai, que as pessoas desviem os olhos de nós rapidamente. Queremos dirigi-las a ti, Senhor, porque tu és o Autor da verdade. Tu és o Único que deve ser louvado". Estávamos muito ansiosos de encaminhá-las a Cristo.

Estávamos na igreja... era uma igreja fabulosa e com estilo de adoração muito diferente do que apresentamos. Há muitos estilos e métodos diferentes, mas isso não importa desde que haja comunhão de coração. Lembro-me de ter visto o pastor sentado na fileira da frente de sua igreja. Ele estava um pouco nervoso. Acho que estava realmente feliz de nos ter convidado até que chegamos e começamos a ensaiar! A igreja era bem tradicional (magnífica também) e era algo como um encontro entre o norte e o sul. Entramos, cumprimentamos a todos com nosso sotaque australiano e começamos a verificar o som... Vi o pastor empalidecer.

Quando visitamos uma igreja, tentamos ser menos intensos no que fazemos até certo grau (ajustar o volume, por exemplo, para respeitar a liderança), mas no final tenho de dar tudo. É tudo ou nada. Não posso fingir. Já tentei, mas não sou boa nisso. Tenho de dar tudo. O que mais poderia fazer? A única expressão que posso dar a Deus sou eu. É tudo que posso fazer; e sou tão apaixonada pelo Rei que tenho de mostrar-lhe isso. Tenho de lhe dar meu ser inteiro. Então começamos a tocar um cântico de louvor, e aquele pobre homem... Pensei: *Jesus, por favor, segure-o agora, pois vai ser muito difícil*. Começamos com o louvor e, no momento que chegamos à adoração, ele estava lá com os olhos bem fechados... Acho que estava com muito medo de abri-los!

Mas houve um instante em que se virou e olhou para sua igreja... havia pessoas em todos os lugares com as mãos levantadas, lágrimas pelo rosto. Estavam perdidas de amor pelo Rei. Ele virou-se de volta e se desfez em lágrimas. Aquele belo homem, com uma paixão ardente para ver as pessoas amando a Jesus, nunca tinha visto sua igreja amar a Deus daquele jeito. Parte de seu sonho se realizou naquele dia... e do meu também.

Deus então me lembrou de meu sonho. Disse-me: "Lembre-se daquele sonho... que você ia se engajar em não apenas virar o rosto mas também o coração da igreja; não apenas um estilo de igreja, mas "A" igreja, para ver as pessoas se transformarem em adoradoras em espírito e em verdade. Adoradoras que se levantarão como um exército poderoso e tomarão este mundo para Jesus".

Não importa de onde você comece

Para realizar seu sonho, não importa de onde você comece. Veja a vida de Davi. Seu começo não foi muito ilustre. Veja a vida de Moisés, gaguejando e dizendo "não consigo". Ele não teve um grande começo. Olho para a minha própria vida. Não foi um começo muito ilustre. Não foi uma grande estreia. Não importa de onde você comece. O que importa é que deixe o Espírito Santo levantar esse sonho dentro de você para que complete bem sua corrida.

Olho para Steve McPherson, um dos líderes de louvor de nossa igreja. Steve tem dois irmãos que também são notáveis no campo das artes. Magníficos. Brilhantes. Os três juntos são geniais; apesar disso o pai e a mãe deles são surdos. Quem imaginaria? Pai e mãe surdos, mas três filhos geniais na música porque o Espírito Santo os levantou e fez uma nação inteira cantar em nome de Jesus. O que é isso? Só a fidelidade de Deus. Não importa de onde você comece.

Tempo

Você pode ter um sonho e talvez seja a pessoa mais fiel do planeta, no entanto, não está vendo seu sonho se realizar. Eu lhe digo que o tempo é o maior campo de prova para um sonho. Pode ser uma lição difícil para aprender, pois você tem perseverado, tem servido e agora se pergunta: "Quando este sonho vai-se realizar?". Não desista de ser fiel no que está fazendo. O tempo de Deus é perfeito... se esse sonho for de Deus, com certeza precisa de tempo como ingrediente de aperfeiçoamento.

O povo de Deus, a igreja, é um povo notável. Os adoradores extravagantes estão abalando o planeta! É por isso que o inimigo detesta os adoradores. Ele nos odeia. Não temos medo dele, estamos cheios de fé no futuro e cheios de fé no que Deus está fazendo por intermédio de pessoas como você. Tempo... não faça a "semeadura com lágrimas" e depois saia antes da hora. Fique e espere sua colheita com alegria!

Nosso Deus é capaz

Deus capacita sua "incapacidade". Se você falar: "Não tenho condições de realizar meu sonho", Deus diz "excelente", pois "é capaz de fazer infinitamente mais do que tudo o que pedimos ou pensamos, de acordo com o seu poder que atua em nós" (Ef 3.20). É isso que Deus está lhe dizendo a respeito de seu sonho hoje.

Em Juízes 6, lemos a história de Gideão:

> *Então o Anjo do Senhor veio e sentou-se sob a grande árvore de Ofra, que pertencia ao abiezrita Joás. Gideão, filho de Joás, estava malhando o trigo num tanque de prensar uvas, para escondê-los dos midianitas. Então o Anjo do Senhor apareceu a Gideão e lhe disse: "O Senhor está com você, poderoso guerreiro". "Ah, Senhor", Gideão respondeu, "se o Senhor está conosco, por que aconteceu tudo isso? Onde estão todas as suas maravilhas que os nossos pais nos contam quando dizem: 'Não foi o Senhor que nos tirou do Egito?'. Mas agora o Senhor nos abandonou e nos entregou nas mãos de Midiã". O Senhor se voltou para ele e disse: "Com a força que você tem, vá libertar Israel das mãos de Midiã. Não sou eu quem o está enviando?"* (Jz 6.11-14).

Você já se sentiu assim? Já se sentiu abandonado com seus sonhos? Eis o que Deus está falando para você hoje: "Vá... Não sou eu quem o está enviando? Você não acredita em mim? Não leu minha Palavra?

Não conhece o poder de minha mão? Não sabe que o mesmo Espírito que ressuscitou Cristo dos mortos habita em você? Não sabe que eu o estou enviando?".

Gosto muito da história de Gideão. Lá estava ele, e Deus lhe fazendo a maravilhosa promessa de o enviar. Então Gideão diz: "Ah, Senhor, como posso libertar Israel? Meu clã é o menos importante de Manassés, e eu sou o menor da família" (Jz 6.15). Não parece com você algumas vezes? O Senhor foi muito paciente com ele e respondeu: "'Eu estarei com você', respondeu o Senhor, 'e você derrotará todos os midianitas como se fossem um só homem'. E Gideão prosseguiu: 'Se de fato posso contar com o teu favor, dá-me um sinal de que és tu que estás falando comigo'" (Jz 6.16, 17).

Isso é muito engraçado. Gideão está bem na frente do Anjo do Senhor transmitindo-lhe uma mensagem de Deus (que mais você precisa) e diz: "Preciso de outro sinal, só para ter certeza!!!". Isso não parece com algumas atitudes suas? Sei que parece comigo!

Depois Gideão disse: "Peço-te que não vás embora até que eu volte e traga minha oferta e a coloque diante de ti". E nosso maravilhoso Senhor respondeu: "Esperarei até você voltar". A maioria das pessoas guarda o sonho na prateleira porque está com muito medo e muito concentrada na sua própria capacidade. Mas Deus diz: "Vá com a força que você tem... não sou eu que o estou enviando?".

Se Deus colocou o sonho e o chamado em você... por acaso não o preparou para atender esse chamado? Ele o preparou! Deus está enviando você! Ele pôs esse chamado na sua vida, lhe deu dons para atender o chamado e é isso que você vai fazer. Não deixe seu sonho morrer porque acha que não consegue realizá-lo. Traga seus sonhos para a superfície novamente... "Não sou eu que o estou enviando?".

Oro para que você, seja o que for que tenha encoberto seu sonho (que o tenha trancado), deixe o Espírito Santo soprar na semente dentro de sua vida para que o sonho tenha oportunidade de mostrar seu brilho.

Pearls & gold	**Ouro e pérolas**
Pearls and gold	Ouro e pérolas
Riches of men	Riqueza dos homens
Can't compare to what I have in You	Não se comparam com o que tenho em ti
I stand in awe	Fico maravilhado
Your beauty to behold	Tua beleza a contemplar
Your love for me	Teu amor por mim
So rich and so pure	Tão rico e tão puro
I stand on holy ground	Estou em terreno santo
Create in me a heart of worship	Cria em mim um coração de adorador
Jesus, Saviour of my soul	Jesus, Salvador de minha alma
Create in me a heart of worship	Cria em mim um coração de adorador

Capítulo 11

AMAR A CASA DE DEUS

A casa de Deus não é composta de edifícios e objetos, mas é o corpo, a igreja, alegria e orgulho do céu, reunida para fazer seu nome famoso e seus louvores gloriosos...

> *Uma coisa pedi ao Senhor; é procuro: que eu possa viver na casa do Senhor todos os dias da minha vida, para contemplar a bondade do Senhor e buscar sua orientação no seu templo. Pois no dia da adversidade ele me guardará protegido em sua habitação* (Sl 27.4, 5).

Há uma dinâmica que só se encontra no Reino, quando os "amantes de Deus" se reúnem em unidade para formar *a igreja*... a noiva gloriosa, sem mácula, íntegra e bela para a qual o Rei está voltando. Como crente individual, sou "casa de Deus". Ele habita em mim e nele tenho meu propósito. Coletivamente, nos reunimos para criar uma estrutura que é constituída do testemunho poderoso do povo de Deus.

Acredito que Deus não esteja apenas restaurando o louvor e a adoração à sua igreja, mas também está restaurando a igreja. Está restaurando a noiva. Está nos restaurando para ser aquilo para que fomos criados: mãos e pés de Jesus.

Estamos entrando num período importante do Reino de Deus. Você consegue perceber isso no Espírito Santo? Há numerosas pessoas sendo salvas em todo o planeta como nunca vimos antes. Deus está fazendo que sua igreja resista à mentalidade de massa e fique radiante com sua glória. Estamos vendo sinais e maravilhas acompanharem a pregação da Palavra; a intimidade e o poder da presença de Deus na adoração coletiva está ficando cada vez mais forte.

Há alegria na casa e nossa vida diária é abundante e genuína. Quem pode dar testemunho disso? Eu sei que posso. A luz da igreja está começando a atrair a atenção para si, e o mundo quer saber o que está acontecendo na casa de Deus.

Tenho uma revelação da igreja. Eu a defendo. Amo-a. Honro-a. A igreja não é o edifício, é as pessoas. A casa é a cobertura. É o abrigo, o refúgio, o santuário. Tenho descoberto em minhas viagens que há aqueles que empunham a bandeira do louvor e arte que amam o Rei, mas não amam a casa. Se você está preocupado em ficar decepcionado ou deprimido, meu amigo, eu detesto lhe dizer, mas há muita probabilidade de que fique. É por isso que aprendi a confiar em Deus e não em homens.

> *Alguns confiam em carros e outros em cavalos, mas nós confiamos no nome do Senhor, o nosso Deus* (Sl 20.7).

Deus jamais vai deixá-lo deprimido. Não fique com medo dos "e se" da vida; as coisas porque você pode ter de morrer. Comece a sonhar com os "o que poderia ser", se você de fato plantou sua vida em algo maior que você mesmo! *Você* pode ter uma revelação do poder da casa. Pode ter uma revelação da igreja. Aqui vão alguns segredos para ser eficiente e realizado na grande casa de Deus.

Lembre-se: há lugar para todos

João 10.10 diz: "Eu vim para que tenham *vida*, e a tenham plenamente". A igreja tem a ver com família, compromisso e a dedicação que você apresenta. Quando a casa está funcionando como deve, ela floresce, cresce, tem êxito, alcança os distantes, exerce influência, adota e desafia! Quando uma casa não está fazendo aquilo que nasceu para fazer é contida, limitada e frustrante... e não há ninguém para o incentivar! Na casa de Deus há lugar para todos encontrarem seu espaço de servir, florescer, crescer no Senhor, viver a vida em toda sua plenitude. A *Bible Message* [Bíblia Mensagem] a define lindamente: "Abundante, graciosa e ampla... uma vida ampla cheia de Deus". Há lugar para todos na casa de Deus. O Salmo 52.8 diz: "Sou como uma oliveira que floresce na casa de Deus". Minha vida de cristã, particularmente, sempre progrediu, mas foi só quando fui *plantada* profundamente na casa de Deus é que comecei a florescer!

Não se pode construir sobre um alicerce de dúvida, medo e incredulidade

Ou você confia em Deus ou não confia! Ele pôs pessoas com autoridade sobre você, e é sua função honrar e servir sem murmurar nem achar que está sendo deixado de lado. Nenhum homem (que trabalhe em oposição) pode atrapalhar o caminho da designação de Deus e seu divino tempo. Só você pode fazer isso! Quando você está trabalhando de acordo com o princípio de ser "fiel no pouco" (Lc 16.10), é uma decisão de *coração*, não uma decisão "marca tempo". Você precisa amar o seu "pouco". Não brinque com a casa de Deus! Deus ama sua casa e fará tudo para defendê-la. Neemias 10.39 diz: "Não negligenciaremos o templo de nosso Deus"... nós o guardamos como algo precioso, nós o temos em alta estima. Dê sua vida por ele. Este é o segredo de andar em seu "caminho além de qualquer coisa que você jamais poderia pedir ou imaginar". Uma jornada de *fé*, não de *medo*.

Não brigue com os anos de silêncio

Em Lucas 2.51, 52, lemos sobre Jesus, que foi fiel para servir e também realizar seus anos silenciosos de preparação. A Palavra diz que Ele crescia em sabedoria, estatura e graça com Deus e os homens. Ele não tinha seu ministério mundial. Estava carregando água e fazendo o que seus pais lhe pediam. Estava sendo fiel nas coisas naturais. Brigar por seu tempo, seu lugar, sua voz ou por sua importância sempre atrapalha a eficiência na grande casa de Deus. Se você for fiel com o que pertence a outra pessoa, Deus lhe dará algo só seu. O teste é ser mordomo leal com o que pertence a outra pessoa. Esses são os anos silenciosos... os anos necessários, preciosos e invisíveis. A adoração é uma das coisas mais preciosas para o coração de Deus. Não é de admirar que trabalhe em nosso homem interior continuamente, pois quer nos confiar muito mais.

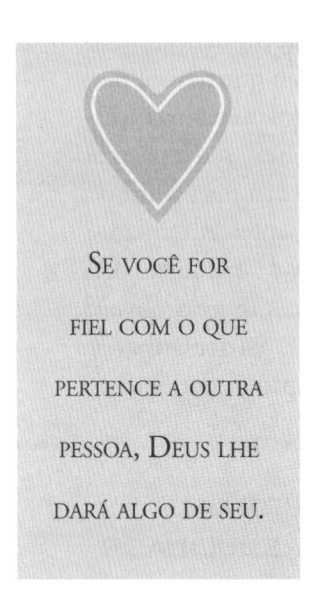

Os anos de silêncio trazem profundidade de devoção que não se encontra em soluções rápidas, do tipo "jeitinho". Os anos de silêncio bem aproveitados constroem um alicerce de *confiança* que não se abala com facilidade. Sou pessoalmente muito grata pelos anos invisíveis em que a mão de Deus me corrige constantemente, preparando-me para o futuro. Deus é o *Pai* supremo. Lembre-se que na grande casa de Deus há um tempo... *Mas* também há uma maneira!

> *Da mesma forma, jovens, sujeitem-se aos mais velhos. Sejam todos humildes uns para com os outros, porque "Deus se opõe aos orgulhosos, mas concede graça aos humildes". Portanto, humilhem-se debaixo da poderosa mão de Deus, para que ele os exalte no tempo devido. Lancem sobre ele toda a sua ansiedade, porque ele tem cuidado de vocês* (1 Pe 5.5-7).

Excelência começa com sinceridade

Em 2 Crônicas, Salomão sempre se refere à devoção sincera do rei Davi e dos homens e mulheres de Deus que serviam no templo. A atitude sincera abre a mão de Deus.

Essas passagens das Escrituras falam sobre o rei Amasias e seu reinado. A primeira metade do Livro trata de vitória, falando a respeito da obediência desse rei a Deus. A segunda metade mostra sua derrota e sua desobediência. Bem no meio, observei o versículo que diz: "Ele

Magnificent house of God

There is a house
Different from any other
Filled with light and love
Radiant with a glory that is totally
Irresistible to all

It's an open home
A huge welcome sign hangs from the door
Inside overflows with good food and
Bountiful supply
Laughter and healthy conversation
And for all who are questioning
There are answers
An abundance of hope

Salvation is offered to all
Mercy and grace kiss each one
A fire is crackling within its solid walls
Always there to warm and soothe
Gently drying tear-stained faces
Affirming the wandering soul...
And bringing strong counsel...
To give clear direction to all
Negotiating this journey of life

Captivating melodies
Fill every inch of every room
A new sound available
To even the untrained ear
Causing every heart to willingly sing and
Every knee to humbly bow

This is the house I give my life to build
To gather his Church...
And to bring healing to the nations
This is the only house fit for a King
This is the magnificent house of God

A magnífica casa de Deus

Há uma casa
Diferente de qualquer outra
Cheia de luz e amor
Radiante de uma glória
Totalmente irresistível

É um lar aberto
Há um enorme sinal de boas-vindas pendurado na porta
Dentro há abundância de boa comida e
Generoso suprimento
Riso e conversa saudável

E para todos os que têm perguntas
Há respostas
E muita esperança

A salvação é oferecida a todos
Misericórdia e graça tocam cada um
Uma lareira crepita no interior
De suas paredes sólidas
Sempre ali para aquecer, suavizar
Secar carinhosamente os rostos manchados de lágrimas
Apoiando a alma errante...
E dando forte conselho...
Para dar orientação clara a todos
Que superam essa jornada da vida

Melodias cativantes
Inundam cada centímetro de todos os quartos
Um novo som, acessível até para o ouvido não treinado,
Que faz todo coração cantar com vontade e
Todo joelho se dobrar com humildade

Essa é a casa a cuja construção
Dei minha vida
Para reunir a Igreja de Deus
E trazer cura às nações
Essa é a única casa adequada para um rei
Essa é a magnífica casa de Deus

fez o que o Senhor aprova, mas não de todo o coração". Pergunto-me se sua atitude morna teria sido o início de seu declínio. Ele foi visto fazendo a coisa certa (fazia o que o Senhor aprova), mas sua atitude não era sincera, esse foi o problema. O coração do rei Amasias se desviou e ele começou a andar em desobediência.

A mão de Deus fica limitada quando seu coração está desviado. Tudo que você deseja que seja excelente precisa ser tratado com sinceridade. No que diz respeito a viver como adorador na casa de Deus, não há outro jeito.

Peça a Deus que o ensine a amar a casa dele

Nada é difícil demais quando se está apaixonado. Peça a Deus para aumentar sua capacidade de amar o que Ele ama, e a amar e estabelecer seu Reino na construção de sua grande casa. A casa de Deus é importante. Em Atos 20.28, lemos: "Cuidem de vocês mesmos e de todo o rebanho sobre o qual o Espírito Santo os colocou como bispos, para pastorearem a igreja de Deus, que ele comprou com o seu próprio sangue".

Recentemente, eu e Mark andamos pensando acerca de por que amamos tanto a casa de Deus e por que demos nossa vida a ela...

Nós amamos *a presença de Deus*
O lugar onde Ele permanece e gosta de ser adorado

... O senso de *família*
O senso de inclusão. A igreja não é um clube que exclui pessoas porque não provêm da origem correta. É o lugar do tipo: "Venha como está, nós o amamos, como vai?". Esse rico sentido de família está ficando muito escasso no planeta.

... É o melhor campo de aprendizado para a *vida*
Todas as técnicas de liderança que eu e Mark aprendemos se desenvolveram por termos sido plantados na casa de Deus. Plantados

aqui, estamos prosperando e aprendendo a viver uma vida realizada e plena.

... Ser capaz de *dar*

Gostamos de dar para algo que *edifica* e restaura *vidas* (inclusive a nossa). Adoro contribuir financeiramente para a casa de Deus porque sei que estou semeando num solo *excelente*.

... É um lugar onde nossos *filhos florescem*

Semana após semana, vejo minhas filhas se desenvolverem em meninas cheias de amor por Jesus. Para uma mãe é maravilhoso poder observar os filhos crescerem no ambiente de uma casa saudável.

... *Compartilhar* nossa vida

Um lugar onde eu e Mark, como casal, podemos *compartilhar* nossa vida, nossos sonhos e nosso futuro. Temos total convicção de que Deus abençoou nossa relação quando decidimos edificar a casa de Deus.

... Terreno saudável para ver nossos *dons* liberados, desafiados e honrados

Nosso talento tem sido testado e nosso caráter continua sendo edificado à medida que semeamos o que somos e o que fazemos na casa.

... Nasceram e se desenvolveram *amizades* que nos fascinam continuamente

Temos o privilégio de ser comprometidos com relacionamentos fantásticos que sobreviveram ao teste ao longo do tempo... e sabemos que sempre existirão.

Pense na casa de Deus em que foi plantado. O que você pode trazer para a mesa? Como pode fazer com que ela honre realmente o Senhor na Terra hoje? Você pode fazer isso conhecendo a Deus e sendo uma pessoa que busca unidade. Sendo alguém que ama a disciplina e a excelência, obediente em trazer seu talento para a mesa pelo que Deus é, não pelo que você pode fazer pela casa.

A casa de Deus está ficando radiante na Terra, e a glória dele será vista quando milhares e milhares correrem para os braços sempre abertos de Jesus. Adoradores extravagantes... que adoram em espírito e em verdade... levantando um poderoso brado de louvor por todo o planeta.

Oro com sinceridade para que você viva sua vida de maneira extravagante pela causa de Cristo. Deixe que sua sede pelo amor e pelos propósitos dele seja insaciável. Viva com extravagância para Ele a fim de que os perdidos o conheçam, que o mundo seja atraído para a irresistível presença do Rei. Creio que esse é o tipo de pessoa e o tipo de igreja pela qual o Pai anseia. Adoradores extravagantes. Deus nos reuniu na Terra para essa época e confiou-nos para esse tempo, portanto, façamos isso bem.

Oração de salvação

Minha oração por você, querido amigo, acima de tudo, é que tenha um relacionamento divino com o próprio autor do amor, Jesus Cristo. Deixe que seu perfeito amor lhe invada a vida e lhe tire o fôlego.

Entreguei minha vida ao amor incondicional de Deus quando ainda era bem jovem... descobri que somente o amor dele tinha capacidade para apresentar esta jovem mulher, outrora quebrada, *inteira*. Agora vivo com Deus como Pai, Jesus como meu Salvador e o Espírito Santo como meu melhor amigo. Sei que essa realidade é arrasadora, mas é *verdade*.

Conhecerão a verdade, e a verdade os libertará (Jo 8.32).

Para receber Jesus em sua vida é muito simples, basta fazer uma oração. Se você não tem certeza do seu destino eterno, faça esta oração *hoje mesmo*.

Querido Senhor Jesus,
Hoje confesso minha necessidade de Ti,
obrigado por ter morrido na cruz para que eu tenha vida.
Obrigado por perdoar os meus pecados.

Obrigado por me amar e obrigado pelo privilégio de te amar.
Por favor, dê-me força para permanecer firme
te seguindo de todo o meu coração e de toda a minha alma.
Entrego minha vida em tuas mãos.
Vou te amar para sempre.
Amém.

Se você fez essa oração pela primeira vez, ou consagrou sua vida a Cristo novamente, gostaria de receber uma carta sua. Por favor, escreva-me. O endereço é: Hillsong Church, PO Box 1195 Castle Hill NSW 1765 Austrália.

Viva para agradar o coração de Deus.
Amo vocês.
Darlene

Gostou?

Você foi abençoado por este livro? A leitura desta profunda obra foi uma experiência rica e impactante em sua vida espiritual?

O fundador da Editora Atos, que publicou este exemplar que você tem nas mãos, o Pastor Gary Haynes, também fundou um ministério chamado *Movimento dos Discípulos*. Esse ministério existe com a visão de chamar a igreja de volta aos princípios do Novo Testamento. Cremos que podemos viver em nossos dias o mesmo mover do Espírito Santo que está mencioado no livro de Atos.

Para isso acontecer, precisamos de um retorno à autoridade da Palavra como única autoridade espiritual em nossas vidas. Temos que abraçar de novo o mantra *Sola Escriptura*, onde tradições eclesiásticas e doutrinas dos homens não têm lugar em nosso meio.

Há pessoas em todo lugar com fome de voltarmos a conhecer a autenticidade da Palavra, sermos verdadeiros discípulos de Jesus, legítimos templos do Espírito Santo, e a viermos o amor ágape, como uma família genuína. E essas pessoas estão sendo impactadas pelo *Movimento dos Discípulos*.

Se esses assuntos tocam seu coração, convidamos você a conhecer o portal que fizemos com um tesouro de recursos espirituais marcantes.

Nesse portal há muitos recursos para ajudá-lo a crescer como um discípulo de Jesus, como a TV Discípulo, com muitos vídeos sobre tópicos importantes para a sua vida.

Além disso, há artigos, blogs, área de notícias, uma central de cursos e de ensino, e a Loja dos Discípulos, onde você poderá adquirir outros livros de grandes autores. Além do mais, você poderá engajar com muitas outras pessoas, que têm fome e sede de verem um grande mover de Deus em nossos dias.

Conheça já o portal do Movimento dos Discípulos!

www.osdiscipulos.org.br